中学入試

国語 漢字 読み書き

実力突破

受験研究社

この本の特長としくみ

中学入試において頻出《ひんしゅつ》となる漢字問題に集中的に取り組み、漢字問題を得点源とすることを目的とした内容となっています。読み書きの問題だけでなく、漢字に関するさまざまな出題形式にも取り組むことができます。

▼頻出漢字の特訓

漢字の読み書きの問題を、頻出度に応じてAからCのランクに分類して出題しています。チェックボックスを活用しながら、習熟度に合わせて繰り返し練習しましょう。

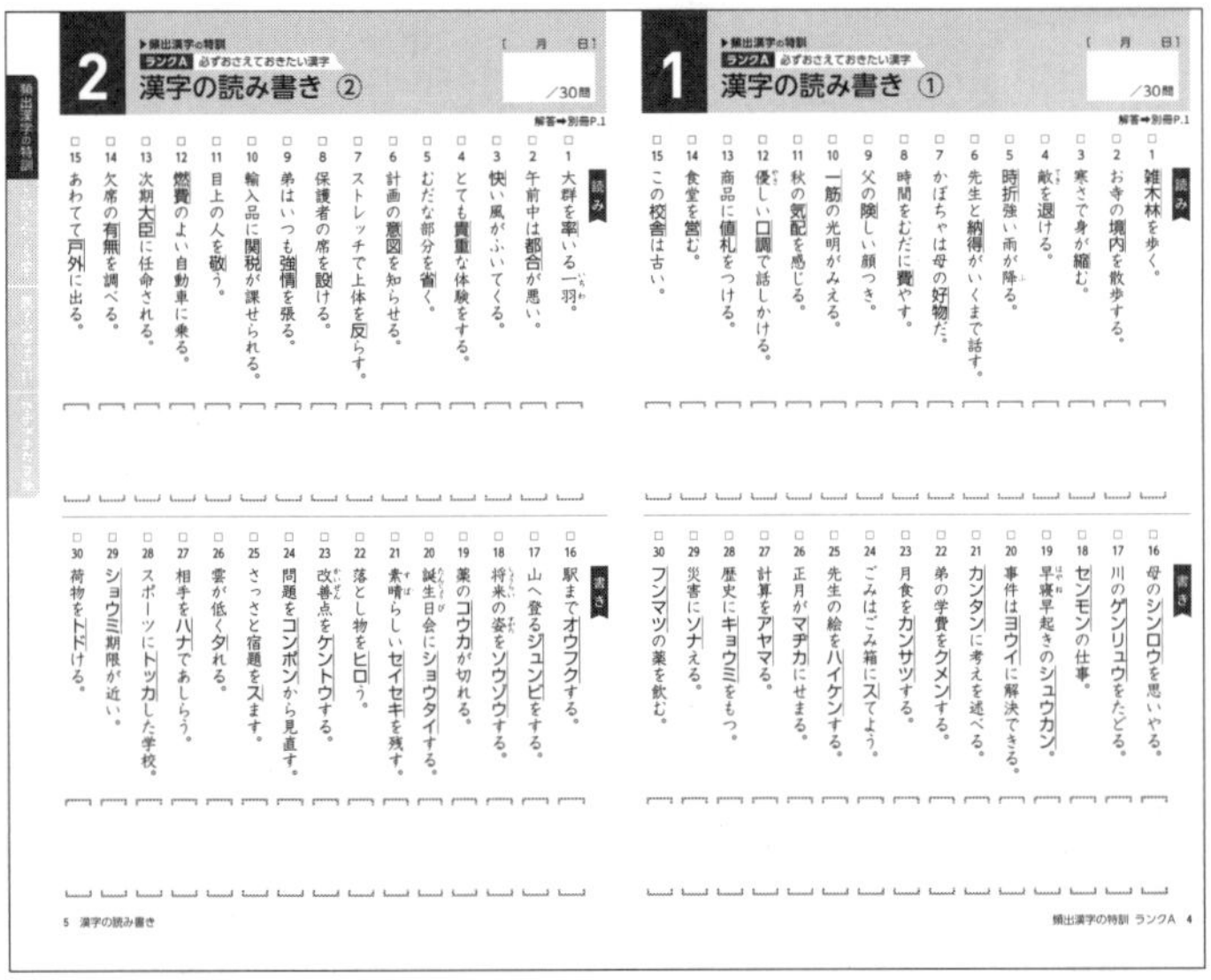

▼入試で差がつく漢字

入試で出題される中で、より差がつくような内容を三つのテーマに分けて出題しています。

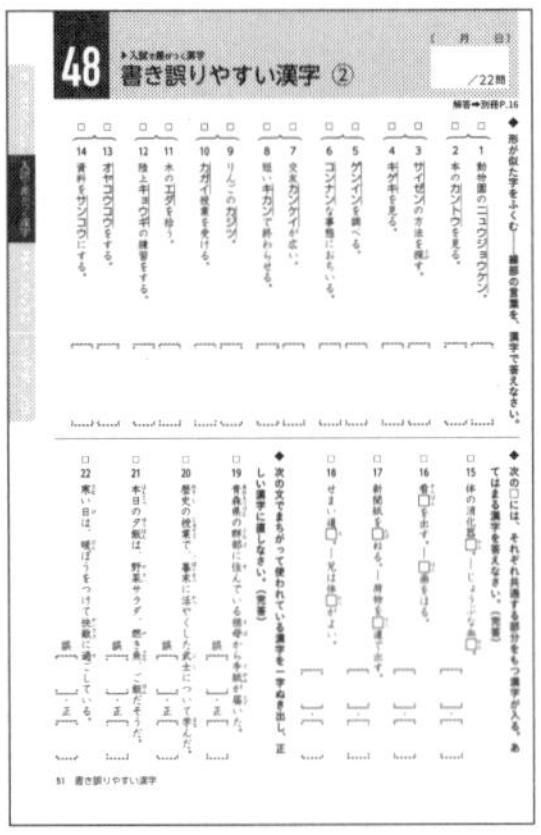

▼漢字の書き分け

「同訓異字」「同音異義語」に特化して出題をしています。短い出題文から正しい漢字を書き分けられるようにしましょう。

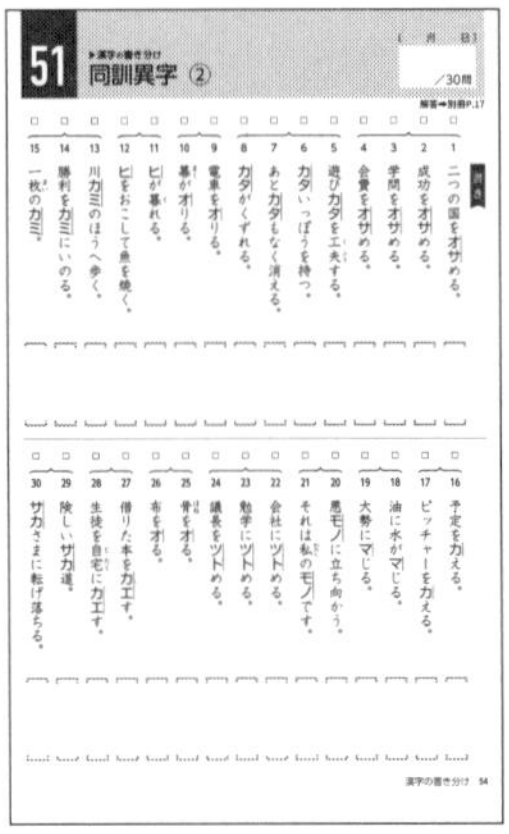

▼さまざまな熟語

「熟語づくり」「四字熟語」「対義語」など、熟語に関する問題をさまざまな形式で出題しています。どのような形式で出題されても、対応できる力を養いましょう。

もくじ

頻出漢字の特訓

ランクA 必ずおさえておきたい漢字

1 漢字の読み書き① …… 4
2 漢字の読み書き② …… 5
3 漢字の読み書き③ …… 6
4 漢字の読み書き④ …… 7
5 漢字の読み書き⑤ …… 8
6 漢字の読み書き⑥ …… 9
7 漢字の読み書き⑦ …… 10
8 漢字の読み書き⑧ …… 11
9 漢字の読み書き⑨ …… 12
10 漢字の読み書き⑩ …… 13
11 漢字の読み書き⑪ …… 14
12 漢字の読み書き⑫ …… 15
13 漢字の読み書き⑬ …… 16
14 漢字の読み書き⑭ …… 17
15 漢字の読み書き⑮ …… 18
16 漢字の読み書き⑯ …… 19
17 漢字の読み書き⑰ …… 20
18 漢字の読み書き⑱ …… 21

ランクB 得点を伸ばす重要漢字

19 漢字の読み書き⑲ …… 22
20 漢字の読み書き⑳ …… 23
21 漢字の読み書き㉑ …… 24
22 漢字の読み書き㉒ …… 25
23 漢字の読み書き㉓ …… 26
24 漢字の読み書き㉔ …… 27
25 漢字の読み書き㉕ …… 28
26 漢字の読み書き㉖ …… 29
27 漢字の読み書き㉗ …… 30
28 漢字の読み書き㉘ …… 31
29 漢字の読み書き㉙ …… 32
30 漢字の読み書き㉚ …… 33

ランクC 難関校突破のための漢字

31 漢字の読み書き㉛ …… 34
32 漢字の読み書き㉜ …… 35
33 漢字の読み書き㉝ …… 36
34 漢字の読み書き㉞ …… 37
35 漢字の読み書き㉟ …… 38
36 漢字の読み書き㊱ …… 39
37 漢字の読み書き㊲ …… 40
38 漢字の読み書き㊳ …… 41

入試で差がつく漢字

39 難しい漢字の書き① …… 42
40 難しい漢字の書き② …… 43
41 難しい漢字の書き③ …… 44
42 難しい漢字の書き④ …… 45
43 難しい漢字の書き⑤ …… 46
44 送り仮名が紛《まぎ》らわしい漢字① …… 47
45 送り仮名が紛らわしい漢字② …… 48
46 送り仮名が紛らわしい漢字③ …… 49
47 書き誤りやすい漢字① …… 50
48 書き誤りやすい漢字② …… 51
49 書き誤りやすい漢字③ …… 52

漢字の書き分け

50 同訓異字① …… 53
51 同訓異字② …… 54
52 同訓異字③ …… 55
53 同訓異字④ …… 56
54 同音異義語① …… 57
55 同音異義語② …… 58
56 同音異義語③ …… 59
57 同音異義語④ …… 60

さまざまな熟語

58 熟語づくり① …… 61
59 熟語づくり② …… 62
60 熟語づくり③ …… 63
61 熟語づくり④ …… 64
62 四字熟語① …… 65
63 四字熟語② …… 66
64 四字熟語③ …… 67
65 四字熟語④ …… 68
66 慣用句・ことわざ① …… 69
67 慣用句・ことわざ② …… 70
68 慣用句・ことわざ③ …… 71
69 慣用句・ことわざ④ …… 72
70 類義語① …… 73
71 類義語② …… 74
72 類義語③ …… 75
73 類義語④ …… 76
74 対義語① …… 77
75 対義語② …… 78
76 対義語③ …… 79
77 対義語④ …… 80

▶頻出漢字の特訓
ランクA 必ずおさえておきたい漢字

1 漢字の読み書き ①

〔　月　日〕
／30問

解答➡別冊P.1

読み

1 雑木林を歩く。
2 お寺の境内を散歩する。
3 寒さで身が縮む。
4 敵《てき》を退ける。
5 時折強い雨が降《ふ》る。
6 先生と納得がいくまで話す。
7 かぼちゃは母の好物だ。
8 時間をむだに費やす。
9 父の険しい顔つき。
10 一筋の光明がみえる。
11 秋の気配を感じる。
12 優《やさ》しい口調で話しかける。
13 商品に値札をつける。
14 食堂を営む。
15 この校舎は古い。

書き

16 母のシンロウを思いやる。
17 川のゲンリュウをたどる。
18 センモンの仕事。
19 早寝早起《はやね》きのシュウカン。
20 事件はヨウイに解決できる。
21 カンタンに考えを述べる。
22 弟の学費をクメンする。
23 月食をカンサツする。
24 ごみはごみ箱にステよう。
25 先生の絵をハイケンする。
26 正月がマヂカにせまる。
27 計算をアヤマる。
28 歴史にキョウミをもつ。
29 災害にソナえる。
30 フンマツの薬を飲む。

ランクA　必ずおさえておきたい漢字

2 漢字の読み書き ②

〔　　月　　日〕

／30問

解答➡別冊P.1

読み

□ 1 大群を率いる一羽《いちわ》。

□ 2 午前中は都合が悪い。

□ 3 快い風がふいてくる。

□ 4 とても貴重な体験をする。

□ 5 むだな部分を省く。

□ 6 計画の意図を知らせる。

□ 7 ストレッチで上体を反らす。

□ 8 保護者の席を設ける。

□ 9 弟はいつも強情を張る。

□ 10 輸入品に関税が課せられる。

□ 11 目上の人を敬う。

□ 12 燃費のよい自動車に乗る。

□ 13 次期大臣に任命される。

□ 14 欠席の有無を調べる。

□ 15 あわてて戸外に出る。

書き

□ 16 駅までオウフクする。

□ 17 山へ登るジュンビをする。

□ 18 将来《しょうらい》の姿《すがた》をソウゾウする。

□ 19 薬のコウカが切れる。

□ 20 誕生日《たんじょうび》会にショウタイする。

□ 21 素《す》晴《ば》らしいセイセキを残す。

□ 22 落とし物をヒロう。

□ 23 改善《かいぜん》点をケントウする。

□ 24 問題をコンポンから見直す。

□ 25 さっさと宿題をスます。

□ 26 雲が低く夕れる。

□ 27 相手をハナであしらう。

□ 28 スポーツにトッカした学校。

□ 29 ショウミ期限が近い。

□ 30 荷物をトドける。

3

▶頻出漢字の特訓

ランクA　必ずおさえておきたい漢字

漢字の読み書き ③

〔　月　日〕

／30問

解答➡別冊P.1

読み

□ 1 小学校時代を省みる。

□ 2 仕事を任された。

□ 3 勇気を奮って立ち向かう。

□ 4 子どもが健やかに育つ。

□ 5 手術を受ける。

□ 6 熱いまなざしを注ぐ。

□ 7 長旅に備えてしたくをする。

□ 8 強固な姿勢《しせい》をつらぬく。

□ 9 家族の留守を守る。

□ 10 体裁を整える。

□ 11 古都を訪れる。

□ 12 スポーツの技《わざ》を競う。

□ 13 ぼくとかれは竹馬の友だ。

□ 14 気候が著しくちがう。

□ 15 運動後に水分を補う。

書き

□ 16 一時のカイラクを求める。

□ 17 ケワしい山道を登る。

□ 18 キチョウな文化財を守る。

□ 19 学級委員をツトめる。

□ 20 インショウに残る出来事。

□ 21 豊かなキョウヨウをもつ。

□ 22 生命のフシギを感じる。

□ 23 支出のウチワケを調べる。

□ 24 背《せ》にハラは代えられない。

□ 25 ジッサイにあった話。

□ 26 収入《しゅうにゅう》がへって生活が苦しい。

□ 27 芸術にカンシンをもつ。

□ 28 フクザツな手続き。

□ 29 実力をハッキする。

□ 30 財産を事業にツイやす。

頻出漢字の特訓
入試で差がつく漢字
漢字の書き分け
さまざまな熟語

4

▶頻出漢字の特訓

ランクA　必ずおさえておきたい漢字

漢字の読み書き ④

〔　月　日〕

／30問

解答➡別冊P.2

読み

□ 1 額にあせをかく。
□ 2 世界平和を唱える。
□ 3 絵画を鑑賞《かんしょう》する。
□ 4 車の運転に慣れる。
□ 5 海辺の漁師の仕事。
□ 6 会社に勤めている。
□ 7 目に映る景色。
□ 8 大豆からとうふをつくる。
□ 9 家族の安否を気づかう。
□ 10 大時計が時を刻む。
□ 11 電話でご注文を承ります。
□ 12 電車を降りる。
□ 13 川に沿って歩く。
□ 14 機械の操作《そうさ》を誤る。
□ 15 とても易しい問題だ。

書き

□ 16 問題のカイセツを読む。
□ 17 海底の宝物《たからもの》をサガす。
□ 18 イガイな結末をむかえる。
□ 19 ほっとムネをなで下ろす。
□ 20 ハンカチにツツむ。
□ 21 銀行にお金をアズける。
□ 22 研究のセイカを公表する。
□ 23 テレビがコショウした。
□ 24 生命のヒミツをさぐる。
□ 25 冬山の登山はキケンだ。
□ 26 長いケイケンを積む。
□ 27 社会のハッテンにつくす。
□ 28 船がキテキを鳴らす。
□ 29 ノウリツよく仕事をする。
□ 30 景気がカイフクする。

▶頻出漢字の特訓

ランクA　必ずおさえておきたい漢字

漢字の読み書き ⑤

〔　月　日〕

／30問

解答➡別冊P.2

読み

□ 1 児童を引率する。
□ 2 才能を認める。
□ 3 さそいを断る。
□ 4 スポーツに興味をもつ。
□ 5 昆虫《こんちゅう》を採る。
□ 6 改善の方法を話し合う。
□ 7 句読点を打ち忘《わす》れる。
□ 8 これは優れた作品だ。
□ 9 頭《こうべ》を垂れる。
□ 10 風に逆らって歩く。
□ 11 工夫をこらした作品。
□ 12 お湯が冷める。
□ 13 友人の車に便乗する。
□ 14 悪かったと謝る。
□ 15 辺りが暗くなってきた。

書き

□ 16 約束はゼッタイに守る。
□ 17 三年ぶりにコキョウに帰る。
□ 18 犯罪をボウシする。
□ 19 キボの大きな工事。
□ 20 本を力し出す。
□ 21 地方特有のノウサンブツ。
□ 22 汽車のマドを開ける。
□ 23 保存《ほぞん》のジョウタイがよい。
□ 24 シュウカンシを買う。
□ 25 毎日アツい日が続く。
□ 26 セツドを守って行動する。
□ 27 家族のケンコウを気づかう。
□ 28 チュウモンした品が届《とど》く。
□ 29 住まいをいなかにウツす。
□ 30 キビしい指導を受ける。

6

▶頻出漢字の特訓

ランクA　必ずおさえておきたい漢字

漢字の読み書き ⑥

〔　月　日〕

／30問

解答➡別冊P.2

読み

□ 1 人形を操る。

□ 2 夢から覚める。

□ 3 新聞を刷る。

□ 4 戦争の代価は計り知れない。

□ 5 友情に支えられる。

□ 6 無造作にやってのける。

□ 7 忠告《ちゅうこく》を素直に聞く。

□ 8 大きな家を構える。

□ 9 完全に予想が外れる。

□ 10 大根の種が発芽する。

□ 11 この薬は大変よく効く。

□ 12 墓に花を供える。

□ 13 二つの実験を並行して行う。

□ 14 失敗にもめげずに再起を図る。

□ 15 かつて地上に存在した生物。

書き

□ 16 水面に月の光がウツる。

□ 17 私《わたし》は兄にニている。

□ 18 カタガワ通行を守りなさい。

□ 19 コンナンを乗りこえる。

□ 20 部屋をセイケツにする。

□ 21 運動会は雨でノびた。

□ 22 キソク正しい生活を送る。

□ 23 多くの人のキタイにこたえる。

□ 24 静かなクチョウで話す。

□ 25 周囲の人をイシキする。

□ 26 考えがタンジュンすぎる。

□ 27 二つを比較《ひかく》タイショウする。

□ 28 火に油をソソぐ。

□ 29 両親をソンケイする。

□ 30 失敗はセイコウのもと。

ランクA　必ずおさえておきたい漢字

7 漢字の読み書き ⑦

〔　月　日〕

／30問

解答➡別冊P.3

読み

1 困ったことが起きた。
2 遠方の友人を訪ねる。
3 いかりで形相が変わる。
4 いろいろと試みる。
5 本を著す。
6 宿題を済ませる。
7 和やかに談笑《だんしょう》する。
8 卒業式に臨む。
9 食料が豊富にある。
10 小さな不満を口にする。
11 試合に興奮する。
12 美しい景色を写真にとる。
13 無言のまま考える。
14 人命を尊重する。
15 絵の由来を話す。

書き

16 街角のユウビンキョク。
17 昔のことをオボえている。
18 師のもとで学問をオサめる。
19 立場がギャクになる。
20 運を天にマカせる。
21 クラス全員のケッソクが固い。
22 アツいかべにぶつかる。
23 大きく息をスう。
24 商品をバイバイする。
25 勝利をカクシンする。
26 毛糸のセーターがチヂむ。
27 石油は大切なシゲンだ。
28 多数のシジを得る。
29 友人がスガタを見せる。
30 厳《きび》しいクンレンにたえる。

▶頻出漢字の特訓

ランクA 必ずおさえておきたい漢字

8 漢字の読み書き ⑧

〔　月　日〕

／30問

解答➡別冊P.3

読み

□ 1 知らせを聞いて号泣する。
□ 2 牛が暴れる。
□ 3 応用問題を解く。
□ 4 後続の走者が追い上げる。
□ 5 危険な遊びをしない。
□ 6 実力を発揮する。
□ 7 発芽に最適な温度を保つ。
□ 8 海外留学できるなら本望だ。
□ 9 画家を志す。
□ 10 規模の大きい会社。
□ 11 課題を容易に解決した。
□ 12 今夜は七夕だ。
□ 13 父は眼鏡をかけている。
□ 14 師の恩《おん》に報いる。
□ 15 かきの実が熟れる。

書き

□ 16 工場のキカイが動く。
□ 17 食糧《しょくりょう》をキョウキュウする。
□ 18 自分の過《あやま》ちをミトめる。
□ 19 正しいハンダンを下す。
□ 20 ヒタイにこぶができた。
□ 21 私《わたし》のイトしたとおりになった。
□ 22 コクモツを輸入する。
□ 23 寒いチイキに住む。
□ 24 申し出をショウチする。
□ 25 セーターをアむ。
□ 26 めずらしいゲンショウ。
□ 27 かごにフルーツをモる。
□ 28 心にキズを負う。
□ 29 水害のタイサクを講じる。
□ 30 ウチュウの法則を探《さぐ》る。

頻出漢字の特訓 ／ 入試で差がつく漢字 ／ 漢字の書き分け ／ さまざまな熟語

9

▶頻出漢字の特訓

ランクA　必ずおさえておきたい漢字

漢字の読み書き ⑨

〔　月　日〕

／30問

解答➡別冊P.3

読み

□ 1 よい習慣を身につける。

□ 2 油断は禁物だ。

□ 3 町の大通りの公園。

□ 4 定規を使って線を引く。

□ 5 隊長の命令に従う。

□ 6 厳かに式典が開かれる。

□ 7 低空飛行を続ける。

□ 8 川岸に土手を築く。

□ 9 誕生日のお祝いをする。

□ 10 ロンドンの街角。

□ 11 はじも外聞もない行動。

□ 12 試合の前に作戦を練る。

□ 13 子どもを授かる。

□ 14 牛を二頭預かる。

□ 15 とても有益な仕事だ。

書き

□ 16 激《はげ》しい試合にコウフンする。

□ 17 生活にシショウをきたす。

□ 18 セイミツ機械を作る。

□ 19 先生のお宅《たく》をホウモンする。

□ 20 カりた本を返す。

□ 21 ハンプクして練習する。

□ 22 日本のレキシを学ぶ。

□ 23 失敗のヨウインを考える。

□ 24 文化財をホゴする。

□ 25 ケイビ員が店内を見回る。

□ 26 両手をショウドクする。

□ 27 栄養をキュウシュウする。

□ 28 鉄道がジュウオウに走る。

□ 29 人工エイセイを打ち上げる。

□ 30 コウイ的な見方をする。

▶頻出漢字の特訓

ランクA　必ずおさえておきたい漢字

10 漢字の読み書き ⑩

〔　月　日〕

／30問

解答➡別冊P.4

読み

□1 仮病を使ってはいけない。
□2 あの人はとても優しい。
□3 墓参りのために帰省する。
□4 貝殻《かいがら》細工を買う。
□5 真珠《しんじゅ》は天然のものがよい。
□6 病気の発作が起きる。
□7 水を浴びる。
□8 身体測定で胸囲を測る。
□9 河川の改修工事。
□10 木の幹が黒ずむ。
□11 広く門戸を開放する。
□12 熱湯でやけどをする。
□13 バラのとげを上手にとる。
□14 庭に草が生える。
□15 オーロラ現象が起きる。

書き

□16 友人にゴカイされる。
□17 思いやりにカける人。
□18 サップウケイな部屋。
□19 シセイを正して話す。
□20 中学校のセイフクを着る。
□21 希望に満ちたショウライ。
□22 うでに包帯をマく。
□23 ヨキせぬ出来事だった。
□24 電力をショウヒする。
□25 会議の決をトる。
□26 外国とボウエキをする。
□27 友情にカンシャする。
□28 書店でザッシを買う。
□29 先生にソウダンする。
□30 ドリョクが報《むく》われる。

11

▶頻出漢字の特訓

ランクA　必ずおさえておきたい漢字

漢字の読み書き ⑪

〔　月　日〕

／30問

解答➡別冊P.4

読み

1 厳密に調査する。

2 神社の鳥居が夕日に映える。

3 責任を負う。

4 とても気高い姿《すがた》。

5 訳を言って許してもらう。

6 田を耕し、水を引く。

7 卒業文集を編む。

8 勢いよくかけ出した。

9 車窓から見える景色。

10 激《はげ》しい雨が降る。

11 自然豊かな村で養生する。

12 もっと本音で話し合おう。

13 難しい問題にいどむ。

14 出かける支度をする。

15 きれいな夜景が見える。

書き

16 いたずらをハンセイする。

17 自分のギムを果たす。

18 ノートにキロクする。

19 トクイ科目は音楽だ。

20 敵《てき》をユダンさせる。

21 法案にサンセイする。

22 屋根に雪がツもる。

23 資料をテイキョウする。

24 覚えた字はワスれない。

25 結婚式《けっこんしき》をアげる。

26 なぞをトく。

27 ハンザイに関する調査。

28 新しい生活にナれる。

29 資源《しげん》をユウコウに活用する。

30 秋はミノりの季節だ。

12

▶頻出漢字の特訓

ランクA　必ずおさえておきたい漢字

漢字の読み書き ⑫

〔　月　日〕

／30問

解答➡別冊P.4

読み

□1 いかりでほおが紅潮する。〔　〕
□2 父の職業は警察官《けいさつかん》だ。〔　〕
□3 永久に続く星の動き。〔　〕
□4 因果応報で不幸な目にあう。〔　〕
□5 精進料理をいただく。〔　〕
□6 恩師に会いに行く。〔　〕
□7 ウミガメが砂浜《すなはま》に上陸する。〔　〕
□8 病状は小康を保っている。〔　〕
□9 緑の木立をスケッチする。〔　〕
□10 強大な権力をもつ。〔　〕
□11 インドと貿易をする。〔　〕
□12 かぜを引いて粉薬を飲む。〔　〕
□13 増税について考える。〔　〕
□14 次第に暖《あたた》かくなる。〔　〕
□15 早速書類に目を通す。〔　〕

書き

□16 ヤガイ活動に出かける。〔　〕
□17 テレビにネッチュウする。〔　〕
□18 商売でリエキが出る。〔　〕
□19 座談会《ざだんかい》にサンカする。〔　〕
□20 問題点をレッキョする。〔　〕
□21 池のシュウイを歩く。〔　〕
□22 スポーツのサイテンが開かれる。〔　〕
□23 機械をソウサする。〔　〕
□24 不正がオウコウする会社。〔　〕
□25 どうにかヘイセイを装《よそお》う。〔　〕
□26 かれは将来《しょうらい》ユウボウだ。〔　〕
□27 ヨクトシの目標を立てる。〔　〕
□28 サイサンが合わない。〔　〕
□29 力士がドヒョウに上がる。〔　〕
□30 シキュウ連絡《れんらく》をください。〔　〕

▶頻出漢字の特訓

ランクA 必ずおさえておきたい漢字

13 漢字の読み書き ⑬

〔 月 日〕

／30問

解答➡別冊P.5

読み

□ 1 難《むずか》しいクイズに降参する。

□ 2 計算問題の解答を見る。

□ 3 決定を一時保留にする。

□ 4 ボールを使った曲芸。

□ 5 冷静に事態を見守る。

□ 6 十時に床《とこ》に就く。

□ 7 物事の本質を見極《みきわ》める。

□ 8 けがの処置をする。

□ 9 新聞に広告が入っている。

□ 10 片道切符《きっぷ》で旅をした。

□ 11 さとりの境地に達する。

□ 12 行方をたずねる。

□ 13 まきをひもで束ねる。

□ 14 ようやく答えに思い至る。

□ 15 はちの大群におそわれる。

書き

□ 16 動画をサイセイする。

□ 17 病気をコウジツに欠席する。

□ 18 本のカントウに目次がある。

□ 19 ゼンテイとなる条件を示す。

□ 20 コンテイからくつがえす発見。

□ 21 山のチョウジョウに立つ。

□ 22 気のドクなことをした。

□ 23 レギュラーをオンゾンする。

□ 24 鉄砲《てっぽう》がデンライする。

□ 25 父がシュッチョウから帰る。

□ 26 アツリョクを加える。

□ 27 チョシャのサイン会。

□ 28 農地をコウサクする。

□ 29 シソンに財産を残す。

□ 30 カホウのかけじくを見せる。

▶頻出漢字の特訓

14

ランクA　必ずおさえておきたい漢字

漢字の読み書き ⑭

〔　月　日〕

／30問

解答➡別冊P.5

頻出漢字の特訓

入試で差がつく漢字

漢字の書き分け

さまざまな熟語

読み

- □ 1 町の風紀が乱《みだ》れる。
- □ 2 あらかじめ危険《きけん》を察知する。
- □ 3 歌でストレスを発散する。
- □ 4 必死で父の看病をする。
- □ 5 策略にまんまとはまる。
- □ 6 改札の機械に切符を入れる。
- □ 7 テストの平均点を計算する。
- □ 8 階段をかけ下りる。
- □ 9 ヒトのしっぽは退化している。
- □ 10 局地的に大雨が降《ふ》った。
- □ 11 果報は寝《ね》て待て。
- □ 12 体の不調をうったえる。
- □ 13 自我に目覚める。
- □ 14 日本を縦断して旅をする。
- □ 15 美しい文字が整然と並《なら》ぶ。

書き

- □ 16 ジュンイが発表される。
- □ 17 事故のゲンバを調査する。
- □ 18 入学試験にゴウカクする。
- □ 19 会社のジュウギョウイン。
- □ 20 賛成のキョシュを求める。
- □ 21 傷《きず》にホウタイをまく。
- □ 22 カコウ付近の地形を調べる。
- □ 23 ニンシキを改める。
- □ 24 中学校のドウソウ会に行く。
- □ 25 レキダイの校長先生の写真。
- □ 26 テンボウ台に上る。
- □ 27 優《やさ》しい言葉にカンゲキする。
- □ 28 立身シュッセを目ざす。
- □ 29 部屋のショウメイをつける。
- □ 30 シュクテキと対決する。

▶頻出漢字の特訓

ランクA 必ずおさえておきたい漢字

15 漢字の読み書き ⑮

〔 月 日〕

／30問

解答➡別冊P.5

読み

□ 1 冬至の日にかぼちゃを食べる。

□ 2 町まで往復する。

□ 3 あの人には分別がある。

□ 4 無礼な行いをとがめる。

□ 5 天下分け目の合戦。

□ 6 図書館の蔵書を検索《けんさく》する。

□ 7 鉄鋼を作る工場。

□ 8 今日はいい日和です。

□ 9 日ごろの願望をかなえる。

□ 10 アメリカの大統領選挙。

□ 11 母は息災にしています。

□ 12 未来に一筋《ひとすじ》の光明が差す。

□ 13 例を挙げて説明する。

□ 14 役所の出納係。

□ 15 究極の選択《せんたく》をせまられる。

書き

□ 16 書類をユウソウする。

□ 17 赤チームのアッショウだった。

□ 18 雑誌《ざっし》がキュウカンになる。

□ 19 リクジョウ部に入る。

□ 20 反則技《はんそくわざ》でシッカクになる。

□ 21 事前にシリョウをそろえる。

□ 22 兄弟でキョウリョクし合う。

□ 23 声やヨウシがよく似た二人。

□ 24 旅をしてケンブンを広める。

□ 25 ビルをケンセツする。

□ 26 サイワい、けがはなかった。

□ 27 父がアイヨウしていた万年筆。

□ 28 逆らう気はモウトウない。

□ 29 キヌのハンカチをもった女性。

□ 30 貴重品《きちょうひん》を大切にホカンする。

16

▶頻出漢字の特訓

ランクA　必ずおさえておきたい漢字

漢字の読み書き ⑯

〔　月　日〕

／30問

解答➡別冊P.6

読み

□ 1 父の遺言を守る。

□ 2 人に指図する。

□ 3 魚を加工する。

□ 4 問題解決に努める。

□ 5 バイオリンとピアノの合奏。

□ 6 池に鳥が群がる。

□ 7 突然《とつぜん》鼻血が出る。

□ 8 安易な考えは危険《きけん》だ。

□ 9 五月雨が降《ふ》る。

□ 10 かれは強引なやり方をする。

□ 11 異なる意見が出る。

□ 12 計画は極めて順調だ。

□ 13 分厚い本を読む。

□ 14 白と黒の小石を交ぜる。

□ 15 手の届くところに置く。

書き

□ 16 ことわざやカクゲンを学ぶ。

□ 17 キグライの高い少女。

□ 18 この経験をキョウクンにする。

□ 19 フイにかけ出した。

□ 20 前途《ぜんと》タナンな道のり。

□ 21 自動車のコウゾウを調べる。

□ 22 工業の発展《はってん》にコウセキを残す。

□ 23 うさぎのシイク係になる。

□ 24 子どもにザイサンを分ける。

□ 25 木のミキにもたれる。

□ 26 私鉄《してつ》のエンセンに住んでいる。

□ 27 木の実がホウフにある。

□ 28 通信ショウガイが直る。

□ 29 公園をサンポする。

□ 30 結果をホウコクする。

▶頻出漢字の特訓

ランクA 必ずおさえておきたい漢字

17 漢字の読み書き ⑰

〔　月　日〕

／30問

解答➡別冊P.6

読み

1 だれも文句は言えない。
2 期待に背く。
3 暑いので頭を冷やす。
4 刀を研ぐ。
5 鳥が羽を傷める。
6 城を包囲してせめる。
7 秘密《ひみつ》を探る。
8 厳しい訓練にたえる。
9 合格して有頂天になる。
10 カラスが頭上を飛ぶ。
11 穀物を船に積みこむ。
12 貧富の差の激《はげ》しい社会。
13 額ぶち入りの絵をかける。
14 顔のよく似た子どもたち。
15 思いを率直に述べる。

書き

16 年功ジョレツで出世する。
17 コウドウで先生の話を聞く。
18 しばらく家をアける。
19 旅先でキコウ文を書く。
20 校舎をケンチクする。
21 道にマヨう。
22 カイテキな住まい。
23 大阪をへて東京に着く。
24 負けてザンネンだ。
25 シヤの広い人物。
26 素晴《すば》らしいケシキを楽しむ。
27 ジタイはさらに悪化した。
28 駅のコウシュウ電話。
29 春のケハイがただよう。
30 海岸にソった道。

18

▶頻出漢字の特訓

ランクA　必ずおさえておきたい漢字

漢字の読み書き ⑱

〔　月　日〕

／30問

解答➡別冊P.6

読み

1 官製はがきを買い求める。

2 追われて必死ににげる。

3 彼女《かのじょ》は朗らかな性格だ。

4 交番に拾得物を届《とど》ける。

5 アナウンスが一切ない。

6 楽園にいる心地がする。

7 おどろいて悲鳴を上げる。

8 練習を続ける。

9 衣類を清潔《せいけつ》に保つ。

10 苦労を承知で引き受ける。

11 弟も再来年には中学生になる。

12 約束を果たす。

13 大きな罪を犯《おか》す。

14 みんなで楽しく家路につく。

15 弁護士に相談する。

書き

16 水不足はシンコクな問題だ。

17 日本のケイザイを発展《はってん》させる。

18 キュウキュウ車のサイレン。

19 いつか敵《てき》となるシュクメイだ。

20 言いつけをムシする。

21 価格キョウソウが激《はげ》しい。

22 美しいモヨウの服。

23 フルってご応募《おうぼ》ください。

24 テレビでセンデンする。

25 二人のコキュウが合う。

26 上級生としてのジカクをもつ。

27 家族コウセイが変化する。

28 話をカンセツ的に聞く。

29 何回もココロみる。

30 町中のヒョウバンになる。

▶頻出漢字の特訓
ランクB 得点を伸ばす重要漢字
19 漢字の読み書き ⑲

〔 月 日〕
／30問

解答➡別冊P.7

読み

1 かれはぼくを敵視している。
2 旅行の土産を買う。
3 素性を明らかにする。
4 ガラスの器をもらう。
5 当時と寸分変わらぬ光景だ。
6 今昔物語集を読む。
7 山の頂に立つ。
8 この点に留意してほしい。
9 難民《なんみん》を救済する。
10 実験が成功する。
11 雨で試合は翌日に延《の》びた。
12 暴力は絶対にふるわない。
13 忘年会に参加する。
14 土を肥やす。
15 画一的な教育はよくない。

書き

16 ギモンを完全に解決する。
17 優《すぐ》れたギョウセキを残す。
18 道路をカクチョウする。
19 学級新聞をインサツする。
20 ジュンジョ立てて話す。
21 気象のケンキュウに打ちこむ。
22 相手の意見をヒテイする。
23 窓《まど》をトじる。
24 レイゾウ庫から卵《たまご》を出す。
25 力不足をツウセツに感じる。
26 水分がジョウハツする。
27 雪がしんしんとフる。
28 鳥の声をロクオンする。
29 勝手な行動はジチョウする。
30 お金をビョウドウに分ける。

20

▶頻出漢字の特訓

ランクB 得点を伸ばす重要漢字

漢字の読み書き ⑳

〔 月 日〕

／30問

解答➡別冊P.7

読み

□1 雑誌に記事を書く。
□2 花の模様がついた服。
□3 なつかしい知人に再会する。
□4 船の針路を北にとる。
□5 郷里をなつかしむ。
□6 旅客機に乗ってドイツに行く。
□7 城下町として栄える。
□8 会社の沿革をまとめる。
□9 世間のうわさになやむ。
□10 コップに熱いお湯を注ぐ。
□11 領主が土地を分割する。
□12 新型の飛行機。
□13 大変な損害をこうむった。
□14 長年の功労が認《みと》められる。
□15 仕事の指示を受ける。

書き

□16 郵便物《ゆうびんぶつ》をハイタツする。
□17 ガソリンをホキュウする。
□18 ドーナツにサトウをまぶす。
□19 作品のヒヒョウをする。
□20 病気のヨチョウに気づく。
□21 小麦をユニュウする。
□22 白と黒の糸がマじる。
□23 セイシンを集中する。
□24 赤ちゃんをセオう。
□25 友人にオンギを感じる。
□26 文章をネる。
□27 委員のセキニンを果たす。
□28 帰りに友だちの家にヨった。
□29 前向きにゼンショいたします。
□30 日本はオンダンな気候だ。

▶頻出漢字の特訓
ランクB 得点を伸ばす重要漢字
21 漢字の読み書き ㉑

〔　月　日〕
／30問

解答➡別冊P.7

読み

□ 1 温暖な気候。
□ 2 ふとんを干す。
□ 3 友人の行動を疑う。
□ 4 遠浅の海で泳ぐ。
□ 5 詩歌を作る。
□ 6 不良部分を除外する。
□ 7 旅行を延期する。
□ 8 年月を経る。
□ 9 試合に敗北して泣く。
□ 10 病気がすっかり治る。
□ 11 大切な任務を果たす。
□ 12 昔の栄光を再び求める。
□ 13 美術全集を刊行する。
□ 14 平生の行いが評価される。
□ 15 木綿で作った服。

書き

□ 16 ピアノをエンソウする。
□ 17 根をしっかりとハる。
□ 18 弟がホドウされた。
□ 19 テンケイ的な例を挙げる。
□ 20 政治をカイカクする。
□ 21 多くの人のシセンを浴びる。
□ 22 落ち着いたタイドを見せる。
□ 23 声に出してワラう。
□ 24 家を夕てる。
□ 25 素晴《すば》らしさにカンシンする。
□ 26 物語のジョジョウを読む。
□ 27 紙でつるをオる。
□ 28 もっとヤサイを食べなさい。
□ 29 駅に自転車をホウチする。
□ 30 動物のシュウセイを調べる。

22

▶頻出漢字の特訓

ランクB 得点を伸ばす重要漢字

漢字の読み書き ㉒

〔　月　日〕

／30問

解答➡別冊P.8

読み

□ 1 座右の銘《めい》は「急がば回れ」だ。
□ 2 障子を張りかえる。
□ 3 直ちに行動を起こす。
□ 4 口やかましさに閉口する。
□ 5 生意気な口を利《き》く。
□ 6 背中を向ける。
□ 7 のきを連ねた家並《いえな》み。
□ 8 日光の作用で生長する。
□ 9 詩に節をつけて歌う。
□ 10 祭りの寄付をよびかける。
□ 11 品物の代金を納める。
□ 12 新しい反物を買う。
□ 13 志願して学級委員になる。
□ 14 金輪際ここには来ないだろう。
□ 15 蚕はくわの葉を食べる。

書き

□ 16 頭がコンランする。
□ 17 今が人生のショウネンバだ。
□ 18 安定したシュウニュウを得る。
□ 19 太陽がテりつける。
□ 20 木のメがふき出す。
□ 21 営業課にハイゾクされる。
□ 22 重大な使命をオびる。
□ 23 その意見にはサンピ両論《りょうろん》ある。
□ 24 門戸をカイホウする。
□ 25 社内のカッセイ化を図《はか》る。
□ 26 マンションがカンセイした。
□ 27 作品はカイシンの出来だ。
□ 28 本をロウドクする。
□ 29 大声でヨぶ。
□ 30 天地ソウゾウの神話。

▶頻出漢字の特訓

ランクB　得点を伸ばす重要漢字

23 漢字の読み書き ㉓

〔　月　日〕

／30問

解答➡別冊P.8

読み

1 父は無類の酒好きだ。

2 謝恩会に出席する。

3 営業時間は九時からです。

4 羽織はかまで出かける。

5 問題の骨子を聞く。

6 全体の構図を考える。

7 故意に目につくところに置く。

8 カラスの生態を研究する。

9 極上のもてなしを受ける。

10 穀倉に米をたくわえる。

11 善いおこないをする。

12 武者ぶるいがする。

13 かぜの兆候がみえる。

14 姉は史学の研究をしている。

15 田舎でゆったり生活する。

書き

16 女王がトウチする国。

17 ゾウキバヤシを散歩する。

18 計画にシッパイする。

19 会議で意見をノべる。

20 思想のコンカンとなる部分。

21 自動車のオウライが激《はげ》しい。

22 国際的にヒョウカされる。

23 地図をカクダイする。

24 星のカンソクをする。

25 ぼくの目はフシアナではない。

26 キンベンこそ成功のもと。

27 有名なゲイジュツ家。

28 カンケツに書かれた文章。

29 ついに武力コウシに出た。

30 塩カゲンをみる。

24

▶頻出漢字の特訓

ランクB　得点を伸ばす重要漢字

漢字の読み書き ㉔

〔　月　日〕

／30問

解答➡別冊P.8

読み

□ 1 兄は音楽について博識だ。

□ 2 利己的な考え方はよくない。

□ 3 お世辞ばかり言う人。

□ 4 農作物の交易をする。

□ 5 無難な方法を選ぶ。

□ 6 首相《しゅしょう》の去就が問題となる。

□ 7 重い米俵をかつぐ。

□ 8 古都の風景は風情がある。

□ 9 素手でつかんではいけない。

□ 10 自宅《じたく》を改築する。

□ 11 現場から指紋《しもん》を採取する。

□ 12 裏《うら》でいろいろと画策する。

□ 13 お知恵《ちえ》を拝借する。

□ 14 脳波を調べる。

□ 15 枚挙にいとまがない。

書き

□ 16 船のモケイを作る。

□ 17 食べ過ぎてイチョウをこわす。

□ 18 水質をケンサする。

□ 19 昆虫《こんちゅう》のヒョウホン箱。

□ 20 事件のナイヨウを調べる。

□ 21 テストはアンガイ易しかった。

□ 22 ケイキが上向きになる。

□ 23 ビルがリンリツした都会。

□ 24 その役ならかれがテキニンだ。

□ 25 セッソウのない態度。

□ 26 走ってイキが切れる。

□ 27 ソウゼイ二十人で作業する。

□ 28 サイバンで証人が呼《よ》ばれる。

□ 29 ガイトウで演説をする。

□ 30 文明のサカえた地域《ちいき》。

25

▶頻出漢字の特訓

ランクB 得点を伸ばす重要漢字

漢字の読み書き ㉕

〔　月　日〕

／30問

解答➡別冊P.9

読み

1 格好ばかり気にしている。
2 最後のダンスが圧巻だった。
3 ちがいが判別しづらい。
4 明治《めいじ》時代に洋装が広まった。
5 縁日《えんにち》で射的をする。
6 赤組が激戦を制した。
7 町の治安を維持《いじ》する。
8 失敗を責める。
9 祖母から便りが届《とど》く。
10 人口が減少する。
11 姿《すがた》を現す。
12 労働を強いる。
13 軽やかにおどる。
14 細心に事を運ぶ。
15 重さを量る。

書き

16 トホで駅まで向かう。
17 城のテンシュカクに登る。
18 国王にフクジュウする。
19 手に入れるカチのある品物。
20 二学期のジュギョウが始まる。
21 昆虫《こんちゅう》のナカマの虫たち。
22 ギジュツをみがく。
23 ボウサイ訓練をする。
24 私《わたし》のタイケンを話す。
25 ゼンコウを積む。
26 ケントウをつけて探《さが》す。
27 さくらんぼがジュクす。
28 けがのコウミョウ。
29 権利《けんり》をシュチョウする。
30 梅はバラ科にゾクする。

26

▶頻出漢字の特訓

ランクB　得点を伸ばす重要漢字

漢字の読み書き ㉖

〔　月　日〕

／30問

解答➡別冊P.9

読み

□ 1 駅の遺失物係。
□ 2 学者が集まって討論する。
□ 3 新製品を宣伝する。
□ 4 広い視野をもつ。
□ 5 敵《てき》の背後にせまる。
□ 6 お客を招く。
□ 7 一対の羽をもつ虫。
□ 8 学級会の議長を務める。
□ 9 結末をいろいろと推測する。
□ 10 過去をふり返る。
□ 11 素早《すばや》い反応を示す。
□ 12 立派な家が建つ。
□ 13 きれいな音色の笛。
□ 14 校庭を縦横に走り回る。
□ 15 物事の道理を説く。

書き

□ 16 港町にキョジュウする。
□ 17 弁解のヨチがない。
□ 18 ドアをカイヘイする。
□ 19 書類にショメイする。
□ 20 ここは立ち入りキンシだ。
□ 21 優秀《ゆうしゅう》なズノウをもつ学生。
□ 22 ミミヨりな情報を入手した。
□ 23 健康カンリを心がける。
□ 24 弟はイシが強い。
□ 25 大きなフタンを感じる。
□ 26 絶体絶命のキキをむかえる。
□ 27 仕事をカクジツにこなす。
□ 28 じっくりジュクセイさせる。
□ 29 ジシンをもって語る。
□ 30 著作権《ちょさくけん》は作者にキゾクする。

27

▶頻出漢字の特訓

ランクB 得点を伸ばす重要漢字

漢字の読み書き ㉗

〔 月 日〕

／30問

解答➡別冊P.9

読み

□ 1 専ら一人で話していた。

□ 2 いすに座る。

□ 3 弱音をはかずに努力する。

□ 4 清潔な身なりをする。

□ 5 空いている席を探《さが》す。

□ 6 通行を許可する。

□ 7 元来明るい性格だ。

□ 8 アメリカへ移住する。

□ 9 よい方法を提案する。

□ 10 災いがふりかかる。

□ 11 野にさく純白の花。

□ 12 人間の祖先を探《さぐ》る。

□ 13 黄河《こうが》の流域を観光する。

□ 14 学力以外で評価する。

□ 15 駅までのきょりを測る。

書き

□ 16 一球が試合のメイアンを分けた。

□ 17 ふとんをアッシュクする。

□ 18 明るいヒョウジョウを見せる。

□ 19 チャンピオンのボウエイ戦。

□ 20 魚がえさにムラがる。

□ 21 ハジめての経験。

□ 22 独立をセンゲンする。

□ 23 ケンリを主張する。

□ 24 自分の実力をカシンする。

□ 25 一反《いったん》の布をオる。

□ 26 音楽のソヨウがある。

□ 27 耳のソコに残る歌声。

□ 28 新ナイカクが発足《ほっそく》する。

□ 29 おそろしさにヒメイを上げる。

□ 30 鉄はジシャクにくっつく。

28

▶頻出漢字の特訓

ランクB　得点を伸ばす重要漢字

漢字の読み書き ㉘

〔　月　日〕

／30問

解答➡別冊P.10

読み

□ 1 迷路のように道が入り組む。

□ 2 速やかに問題を解く。

□ 3 ふるさとに別れを告げる。

□ 4 一緒に駅まで行こう。

□ 5 未熟な青いトマト。

□ 6 部屋を暖める。

□ 7 先生の質問に口頭で答える。

□ 8 大会で好成績を収める。

□ 9 人影《ひとかげ》が絶える。

□ 10 先生がお手本を示す。

□ 11 初日の出を拝む。

□ 12 パンフレットを印刷する。

□ 13 お金の工面をする。

□ 14 木の樹皮をはがす。

□ 15 生糸をつむぐ。

書き

□ 16 会社のソンボウの危機《きき》。

□ 17 デンブンによって書かれた話。

□ 18 牛を高原でホウボクする。

□ 19 ハンチョウに選ばれる。

□ 20 キツネが人をバかす。

□ 21 消火のテンケンをする。

□ 22 ツバメはエキチョウだ。

□ 23 バレエの定期コウエン。

□ 24 タイサをつけて勝つ。

□ 25 集中力がケツラクしている。

□ 26 イジワルなことはしない。

□ 27 綿オリモノの工場。

□ 28 計画にカタンする。

□ 29 飛行機をソウジュウする。

□ 30 ソザイの味を大切にする。

▶頻出漢字の特訓

ランクB 得点を伸ばす重要漢字

29 漢字の読み書き ㉙

〔　月　日〕

／30問

解答➡別冊P.10

読み

□ 1 小豆をやわらかくゆでる。

□ 2 落とし物を血眼でさがす。

□ 3 堂々とした態度。

□ 4 良心に従《したが》って行動する。

□ 5 発展《はってん》する臨海工業地帯。

□ 6 無事に関所をこえる。

□ 7 管を通して水を送る。

□ 8 水は命の源だ。

□ 9 沖合に見える船。

□ 10 養蚕業を営む。

□ 11 深海を探検する。

□ 12 多くの試練にたえる。

□ 13 窓《まど》を閉める。

□ 14 画家として頭角を現した。

□ 15 定石どおりに行動する。

書き

□ 16 デンジハを防止する。

□ 17 ショタイメンのあいさつ。

□ 18 未知のリョウイキだ。

□ 19 タントウ者に質問する。

□ 20 土地のソクリョウをする。

□ 21 兄弟でキントウに分ける。

□ 22 レンソウしたものを絵にする。

□ 23 シュシャ選択《せんたく》する。

□ 24 ケンアクな雰囲気《ふんいき》になる。

□ 25 漢和ジテンで部首を調べる。

□ 26 息づまるセッセンだ。

□ 27 エベレストにトウチョウする。

□ 28 チュウコクを受ける。

□ 29 有名な映画《えいが》ハイユウ。

□ 30 センニュウカンをもつ。

30

▶頻出漢字の特訓

ランクB　得点を伸ばす重要漢字

漢字の読み書き ㉚

〔　月　日〕

／30問

解答➡別冊P.10

読み

□ 1 奮起して勉学にはげむ。
□ 2 料金を折半する。
□ 3 最近の若者《わかもの》の風潮をなげく。
□ 4 恩師《おんし》の著書を読む。
□ 5 夏至のころは蒸《む》し暑い。
□ 6 梅雨入りが宣言《せんげん》された。
□ 7 布をまっすぐに裁つ。
□ 8 次第《しだい》に欲が出る。
□ 9 得体の知れない物体。
□ 10 真紅に染《そ》まる秋の野山。
□ 11 異国のような雰囲気《ふんいき》。
□ 12 創造力を発揮《はっき》する。
□ 13 冷夏の前兆が現れる。
□ 14 腹部が痛《いた》む。
□ 15 神社や仏閣を訪《たず》ねる。

書き

□ 16 りんごのカジュエン。
□ 17 ダンカイをふんで練習する。
□ 18 エンガン漁業をする。
□ 19 ねこが毛をサカダてておこる。
□ 20 台風で鉄道がスンダンされる。
□ 21 ノウナイの仕組みを調べる。
□ 22 ガイロジュの葉が落ちる。
□ 23 金銭《きんせん》のジュジュを禁止する。
□ 24 基本的ジンケンを尊重《そんちょう》する。
□ 25 雑誌《ざっし》にフロクがついている。
□ 26 フクカイチョウに選ばれる。
□ 27 ハセイして起こった問題。
□ 28 チスイ事業を手がける。
□ 29 テシオにかけて育てる。
□ 30 グンシュウをかき分ける。

▶頻出漢字の特訓

ランクC 難関校突破のための漢字

31 漢字の読み書き ㉛

〔　月　日〕

／30問

解答➡別冊P.11

読み

1 過《あやま》ちを潔く認《みと》める。
2 汚染物質を取り除《のぞ》く。
3 絵馬に願い事を書く。
4 次男が父のあとを継いだ。
5 浴衣を着て夏祭りに行く。
6 この学校への入学を勧める。
7 出発の準備が完了する。
8 世界の有名な愛唱歌。
9 欠点を是正する。
10 美しい音色を奏でる。
11 願いが成就した。
12 けいこでこつを会得した。
13 類似した二つの作品。
14 粗末な小屋に住む男。
15 健康を損ねる。

書き

16 シュウギョウ規則を守る。
17 私《わたし》の方はイロンありません。
18 大声でゴウレイをかける。
19 ジャガイモのシンメ。
20 ミョウチョウは晴れるそうだ。
21 アジア諸国《しょこく》をレキホウする。
22 コウキをのがさない。
23 ワリヤスな商品を買う。
24 シュジイに相談する。
25 市町村をトウゴウする。
26 カンイベッドを買う。
27 会社のジッケンをにぎる。
28 そろそろシオドキだろう。
29 セキネンのうらみを晴らす。
30 銅像をフクセイする。

32

ランクC 難関校突破のための漢字

漢字の読み書き ㉜

〔　月　日〕

／30問

解答➡別冊P.11

読み

1 農具を納屋におさめる。
2 首相が外国へ行く。
3 未来を担う子どもたち。
4 地図を拡大して細部を見る。
5 熱があり悪寒がする。
6 お客さまに会釈をする。
7 必要なものを調える。
8 優勝《ゆうしょう》に歓喜する。
9 正しい姿勢を保つ。
10 選挙活動で全国を遊説する。
11 格子模様《もよう》のシャツを着る。
12 高齢化社会が加速する。
13 先に目的地に到着する。
14 郊外の住宅地《じゅうたくち》に住む。
15 砂利道がずっと続いている。

書き

16 カッキ的な方法を発明する。
17 校歌をドクショウする。
18 ギャッキョウにも負けない。
19 人類のキゲンを探《さぐ》る。
20 マラソンは陸上キョウギだ。
21 一万人のカンシュウが見守る。
22 ウラオモテのない人。
23 キョウメイしてひびきあう。
24 本を五万部ゾウサツする。
25 マイナスのデンキョク。
26 セイカ店で大根を買う。
27 兄は身近なコウテキシュだ。
28 しばらくアンセイにしなさい。
29 トラックがボウソウする。
30 北海道でリュウヒョウを見る。

33 ランクC 難関校突破のための漢字 漢字の読み書き ㉝

〔　月　日〕

／30問

解答➡別冊P.11

読み

1 大きな目標を掲げる。
2 通行の妨げになる放置自転車。
3 光沢のある服を着る。
4 家族全員で食卓につく。
5 感興をもよおす試み。
6 伸縮自在のはしご。
7 好みの品と交換する。
8 奇妙な出来事が起こる。
9 他人の権利《けんり》を侵害する。
10 中途《ちゅうと》半端な態度をとる。
11 セミの幼虫《ようちゅう》を探した。
12 顔に憂愁のかげが差す。
13 二つの委員を兼ねる。
14 まんまと敵《てき》の術中に陥る。
15 本の代金を請求する。

書き

16 今日はワリアイ暖《あたた》かい。
17 この料理はシコウの一品だ。
18 カコをふり返る。
19 私《わたし》のセンゾは農民だ。
20 大きな店をカマえている。
21 ゼンアクをわきまえた人。
22 ヨソウを上回る大勢の人出。
23 友の過《あやま》ちをユルす。
24 ユニフォームをホす。
25 両腕《りょううで》で体をササえる。
26 記憶《きおく》力がタイカする。
27 平和は人類のカダイである。
28 命令にシタガう。
29 自然のホウソクにのっとる。
30 コウセイに名を残す。

34

▶頻出漢字の特訓

ランクC 難関校突破のための漢字

漢字の読み書き ㉞

〔　月　日〕

／30問

解答➡別冊P.12

読み

□ 1 はっきりとした証拠を示す。

□ 2 春の息吹を感じる。

□ 3 自然が破壊される。

□ 4 祭りでみこしを担ぐ。

□ 5 頭痛《ずつう》に悩む。

□ 6 申しこみの期間が終了する。

□ 7 為替でお金をおくる。

□ 8 十二月は師走ともいう。

□ 9 鮮やかな色。

□ 10 瞬間の出来事。

□ 11 ぐっすりと眠りこむ。

□ 12 事件の発端となった一言。

□ 13 絵画を鑑賞する。

□ 14 音符のとおりに演奏《えんそう》する。

□ 15 粗品を手わたす。

書き

□ 16 イシツブツを保管する。

□ 17 ハに衣《きぬ》着せぬ言い方。

□ 18 ジュモクがしげる。

□ 19 石油をユソウする。

□ 20 ケイサツへ届《とど》け出る。

□ 21 優《すぐ》れた人材をサイヨウする。

□ 22 未来をヨソクする。

□ 23 窓《まど》をアける。

□ 24 チョウシを取りもどす。

□ 25 セイを出して働く。

□ 26 二人でナラんで歩く。

□ 27 ジョウネツ的な南の国。

□ 28 世界中にブンプする昆虫《こんちゅう》。

□ 29 提案にイギを唱える。

□ 30 ニュウジョウケンが必要だ。

▶頻出漢字の特訓

ランクC 難関校突破のための漢字

35 漢字の読み書き ㉟

〔　月　日〕

／30問

解答➡別冊P.12

読み

□ 1 どことなく面影がある。

□ 2 机上の空論《くうろん》では役に立たない。

□ 3 弟からはいつも迷惑《めいわく》を被る。

□ 4 状況を見極《みきわ》めて行動する。

□ 5 忍者がへいを飛びこえる。

□ 6 あれた土地を開拓する。

□ 7 精巧なプラモデル。

□ 8 迫力のある絵をえがく。

□ 9 名残惜《お》しいが、帰ります。

□ 10 助けを求めて叫ぶ。

□ 11 この草には解毒作用がある。

□ 12 困惑したような顔をする。

□ 13 雑草が繁茂した庭。

□ 14 不正を黙認する。

□ 15 さまざまな憶測が飛び交《か》う。

書き

□ 16 ハタをふって合図する。

□ 17 キショウ台で働く。

□ 18 仕事をハジめる。

□ 19 映画《えいが》とエンゲキ。

□ 20 問題がゼンゼン解けない。

□ 21 画面にトウジョウする。

□ 22 科学技術がハッタツする。

□ 23 サイダイもらさず報告する。

□ 24 アンジをあたえる。

□ 25 小鳥がタマゴを産む。

□ 26 書籍《しょせき》をシュッパンする。

□ 27 母にクロウをかける。

□ 28 公正なサバきを受ける。

□ 29 努力は成功のためのヨウソだ。

□ 30 世界のドウワを読む。

36

▶頻出漢字の特訓

ランクC　難関校突破のための漢字

漢字の読み書き ㊱

〔　月　日〕

／30問

解答➡別冊P.12

読み

□ 1 大地の恩恵を受ける。
□ 2 回復の兆しが見える。
□ 3 彼岸のお供《そな》えをする。
□ 4 海で昆布を取る。
□ 5 雪崩から身を守る。
□ 6 彩り豊かなサラダ。
□ 7 緊張で足がふるえる。
□ 8 絶滅寸前《すんぜん》の鳥を保護する。
□ 9 秘密《ひみつ》を暴く。
□ 10 家族みんなで寝る。
□ 11 兄は温厚な人柄《ひとがら》だ。
□ 12 無理をしては体に障る。
□ 13 過ちを犯《おか》す。
□ 14 いもの地下茎を取る。
□ 15 荘厳な式典がとり行われた。

書き

□ 16 スジミチを立てて考える。
□ 17 ヤセイのイチヂク。
□ 18 イギのある仕事に打ちこむ。
□ 19 目的地までのショヨウ時間。
□ 20 ミチの世界をさぐる。
□ 21 ツメたい水を飲む。
□ 22 石油をネンリョウとする。
□ 23 人の上に立つシカクがある。
□ 24 朝顔のハツガを観察する。
□ 25 軍備をシュクショウする。
□ 26 名前のユライを聞く。
□ 27 北極の氷山をチョウサする。
□ 28 カンショウにひたる。
□ 29 屋根のハソンを修理する。
□ 30 切り株《かぶ》のチョッケイを測る。

▶頻出漢字の特訓

ランクC　難関校突破のための漢字

37 漢字の読み書き ㊲

〔　月　日〕

／30問

解答➡別冊P.13

読み

□ 1 戸を閉ざす。
□ 2 表の通りが騒がしい。
□ 3 誇り高き人生を送る。
□ 4 日本に長く滞在する。
□ 5 商売で稼ぐ。
□ 6 ベランダに布団を干《ほ》す。
□ 7 役員を兼任する。
□ 8 夜が明け初める。
□ 9 血液を心臓《しんぞう》に送る静脈。
□ 10 熱帯地域《ちいき》の特徴を語る。
□ 11 湖畔をゆっくりと歩く。
□ 12 長距離を飛行する。
□ 13 無添加の安全な食品。
□ 14 今日は忙しい一日だった。
□ 15 梅の香りが漂う。

書き

□ 16 はっきりとヘンジをする。
□ 17 時計をシュウリする。
□ 18 ベンリな機械を作る。
□ 19 町から暴力をツイホウする。
□ 20 ジュンシンな心の持ち主。
□ 21 原こうのコウセイをする。
□ 22 読書カンソウ文を書いた。
□ 23 役割《やくわり》をブンタンする。
□ 24 病院のカンゴシ。
□ 25 ヨウキに楽しく過ごす。
□ 26 温度をチョウセツする。
□ 27 イサンを相続する。
□ 28 新記録をタッセイする。
□ 29 キボウをもって生きる。
□ 30 大きなモクヒョウをもつ。

38

ランクC 難関校突破のための漢字

漢字の読み書き ㊳

〔 月 日〕

／30問

解答➡別冊P.13

読み

□ 1 展覧会《てんらんかい》を企画する。
□ 2 味つけの辛いスープ。
□ 3 野菜を栽培する。
□ 4 友人を愛称で呼《よ》ぶ。
□ 5 鳥の白い胸毛。
□ 6 表裏一体の関係にある。
□ 7 相互に信頼《しんらい》する。
□ 8 文章の末尾につけ加える。
□ 9 思いを募らせる。
□ 10 走者がゴール前で競り合う。
□ 11 大仏に匹敵する大きさ。
□ 12 友人と握手する。
□ 13 一房のブドウが実る。
□ 14 たたみが湿る。
□ 15 透きとおるような白さ。

書き

□ 16 日本のケンポウを学ぶ。
□ 17 フクスウの犯人。
□ 18 風景をシャシンにとる。
□ 19 マンゾクできるできばえ。
□ 20 サクリャクをめぐらす。
□ 21 銀行にヨキンをする。
□ 22 大会でユウショウする。
□ 23 朝夕のカンダン差。
□ 24 活字によるジョウホウ。
□ 25 町のシュウヘンの田畑。
□ 26 旅客やカモツを運ぶ船。
□ 27 手紙をソクタツで出す。
□ 28 人にシンセツにする。
□ 29 会社にシュウショクする。
□ 30 ジュクレンの技《わざ》。

39 ▶入試で差がつく漢字
難しい漢字の書き ①

〔　月　日〕

／30問

解答➡別冊P.13

書き

□ 1 入会をススめる。
□ 2 兄のカドデを祝う。
□ 3 友人の家をオトズれる。
□ 4 子どもにナットクさせる。
□ 5 デンセン病が大流行する。
□ 6 素直《すなお》にアヤマる。
□ 7 左右タイショウの形。
□ 8 石油のジュヨウが増す。
□ 9 卒業式にノゾむ。
□ 10 ケイソツな行動をつつしむ。
□ 11 祖父はいつもヤサしい。
□ 12 ニュースに紙面をサく。
□ 13 一人で二役をカねる。
□ 14 勝利にカンキの声を上げる。
□ 15 問題の解決をハカる。

□ 16 寒さがヤワらぐ。
□ 17 委員長に友人をオす。
□ 18 力と技《わざ》をキソう。
□ 19 物事をシンケンに考える。
□ 20 歩きツカれたので休む。
□ 21 あの人とはアイショウがよい。
□ 22 イクジのない弟にあきれる。
□ 23 自分の失敗をカエリみる。
□ 24 思いを胸《むね》にヒめる。
□ 25 事態をシュウシュウする。
□ 26 子どもがスコやかに成長する。
□ 27 他人の事にはムカンシンだ。
□ 28 ドクソウ的な銅像。
□ 29 友人とあく手をカわす。
□ 30 妹がホガらかに笑う。

難しい漢字の書き ②

〔　月　日〕

／30問

解答➡別冊P.14

書き

□ 1 話を聞きソコなう。
□ 2 丘《おか》のチュウフクにある家。
□ 3 チョキンを引きだす。
□ 4 テイサイを気にする。
□ 5 ハイケイにそびえる山。
□ 6 イサギヨい決断をする。
□ 7 的をイる。
□ 8 議員をヤめる。
□ 9 おにのようなギョウソウ。
□ 10 ココロヨい返事をもらう。
□ 11 太平洋をコウカイする。
□ 12 カンセン道路の完成。
□ 13 となりの家とのキョウカイ。
□ 14 新入生のカンゲイ会。
□ 15 成績の向上がイチジルしい。

□ 16 名前をキオクにとどめる。
□ 17 物語をソウサクする。
□ 18 先生のシドウを受ける。
□ 19 ヨケイな世話を焼く。
□ 20 ユイゴンを残す。
□ 21 ガンカに広がる大平原。
□ 22 かれは目がコえている。
□ 23 シンピに包まれた世界。
□ 24 親しくコウサイする。
□ 25 会議をリンジに開く。
□ 26 ゲンミツな調査を行う。
□ 27 進化のカテイをたどる。
□ 28 美術館でカイガを鑑賞《かんしょう》する。
□ 29 船の位置をカクニンする。
□ 30 父の車にビンジョウする。

41

▶入試で差がつく漢字

難しい漢字の書き ③

〔　月　日〕

／30問

解答➡別冊P.14

書き

□ 1 客人にエシャクをする。

□ 2 市長選挙のコウホ者。

□ 3 二歳《さい》くらいとスイテイされる。

□ 4 セイジツな人柄《ひとがら》。

□ 5 両者にはルイジ点がある。

□ 6 コウセイ労働省の職員。

□ 7 サッコンの風潮《ふうちょう》をなげく。

□ 8 あやしいソラモヨウ。

□ 9 後シマツをきちんとする。

□ 10 ウチョウテンになって喜ぶ。

□ 11 委員会をソシキする。

□ 12 長時間スワっている。

□ 13 全国的にフキュウする。

□ 14 ヒゲキの主人公。

□ 15 従《したが》うべき道理をトく。

□ 16 写真家のデシになる。

□ 17 無力さをツウカンする。

□ 18 かれはメイロウな性格だ。

□ 19 ヒンプの差が大きい。

□ 20 友人をベンゴする。

□ 21 チョメイな政治家に会う。

□ 22 大会でユウショウする。

□ 23 夕日にハえる街並《まちな》み。

□ 24 過激《かげき》な発言がブツギを呼《よ》ぶ。

□ 25 大雨ケイホウが出る。

□ 26 卵《たまご》からヨウチュウを育てる。

□ 27 ドクトクの香りがする花。

□ 28 ジョウケイを思いうかべる。

□ 29 エネルギーをロウヒする。

□ 30 必要性のゼヒを問う。

42 ▶入試で差がつく漢字 難しい漢字の書き ④

〔　月　日〕

／30問

解答➡別冊P.14

書き

1 出欠のウムを確かめる。
2 モゾウ品が出回る。
3 機体がソンショウする。
4 雨天ジュンエンとする。
5 スナオに指示に従う。
6 タイシャクを清算する。
7 自分のヒを認《みと》めて謝《あやま》る。
8 ヒョウジュンゴで話す。
9 突然《とつぜん》、イヘンが起こる。
10 激《はげ》しいキショウの人。
11 極意《ごくい》をエトクする。
12 過《あやま》ちをオカす。
13 メンボクをつぶされる。
14 飼いねこにえさをアタえる。
15 静かなカンキョウで勉強する。

16 自己《じこ》ショウカイをする。
17 バンシュウの冷たい風がふく。
18 公園へヒナンする。
19 ナゴやかな時間を過ごす。
20 係の仕事にホコりをもつ。
21 ゲンカンのそうじをする。
22 友達とイッショに遊ぶ。
23 みこしを全員でカツぐ。
24 夕食のシタクをする。
25 手当たりシダイに探《さが》す。
26 仲間とチエをしぼる。
27 マドギワの席にすわる。
28 ミョウな話を聞く。
29 キンチョウで声がふるえる。
30 家のキソ工事が終わる。

43 ▶入試で差がつく漢字
難しい漢字の書き ⑤

〔　月　日〕

／30問

解答➡別冊P.15

書き

□ 1 台所で米をトぐ。
□ 2 地面にカゲがうつる。
□ 3 キョウレツなにおいがする。
□ 4 柔道《じゅうどう》のシュギョウをする。
□ 5 キョダイな岩をくだく。
□ 6 町のハンエイを願う。
□ 7 虫が部屋にシンニュウする。
□ 8 事実にモトづいた意見。
□ 9 イッパン的な話をする。
□ 10 愛犬はとてもカシコい。
□ 11 月が雲にカクれる。
□ 12 金メダルをカクトクした。
□ 13 ゴラク番組が始まる。
□ 14 英語を日本語にホンヤクする。
□ 15 遊んでいるヨユウはない。

□ 16 アシカが海にモグる。
□ 17 姉のセンスは、バツグンだ。
□ 18 トナリの席に移動する。
□ 19 トクチョウのある歌声。
□ 20 従業員《じゅうぎょういん》をヤトう。
□ 21 人にメイワクをかけない。
□ 22 トウメイなコップを洗《あら》う。
□ 23 バナナがウれて食べごろだ。
□ 24 頭を後ろにカタムける。
□ 25 アザやかな色でぬる。
□ 26 牛肉に塩をフる。
□ 27 駅に向かうトチュウ。
□ 28 客船が港からハナれる。
□ 29 友達にグウゼン会う。
□ 30 兄のマネをする。

44 ▶入試で差がつく漢字
送り仮名が紛《まぎ》らわしい漢字 ①

〔　月　日〕

／30問

解答➡別冊P.15

書き 送り仮名《がな》もふくめて書きましょう。

□ 1 山頂《さんちょう》にイタル道。
□ 2 アタタカイ日差し。
□ 3 父母をヤシナウ。
□ 4 クラスの生徒をヒキイル。
□ 5 早朝に目がサメル。
□ 6 チームを優勝《ゆうしょう》へミチビク。
□ 7 時間と手間をハブク。
□ 8 大きな商店をイトナム。
□ 9 成功をオサメル。
□ 10 この計算問題はヤサシイ。
□ 11 問題の解決にツトメル。
□ 12 両親の恩《おん》にムクイル。
□ 13 元号をアラタメル。
□ 14 手を合わせてオガム。
□ 15 くらしのマズシイ国。
□ 16 オサナイ女の子。
□ 17 タダチニ質問に答えよ。
□ 18 イサマシイ武者姿《すがた》。
□ 19 自分の失敗をセメル。
□ 20 松林のマワリを歩く。
□ 21 川に魚をハナス。
□ 22 母親の言葉にサカラウ。
□ 23 バスをオリル。
□ 24 二人の体重をクラベル。
□ 25 おりの中で犬がアバレル。
□ 26 参考書でシラベル。
□ 27 足りない分をオギナウ。
□ 28 マッタク歯が立たない。
□ 29 先生がお手本をシメス。
□ 30 話し合いの席をモウケル。

45 送り仮名が紛《まぎ》らわしい漢字 ②

▶入試で差がつく漢字

〔　月　日〕

／30問

解答➡別冊P.15

書き　送り仮名《がな》もふくめて書きましょう。

1 子どもが家にカエル。
2 コマカイ模様《もよう》の花びん。
3 じりじりとシリゾク。
4 ふるさとに別れをツゲル。
5 アブナイことをするな。
6 夏休みももうナカバだ。
7 ミズカラ率先《そっせん》して行う。
8 駅までのきょりをハカル。
9 人かげがタエル。
10 王様にツカエル。
11 約束をハタス。
12 作家をココロザス。
13 たのみをコトワル。
14 気持ちをタシカメル。
15 雲間から月がアラワレル。
16 両親をウヤマウ。
17 畑をタガヤス。
18 命をトウトブ。
19 フタタビ登場する。
20 事故がオコル。
21 ハゲシイ風がふく。
22 ムズカシイ問題を解く。
23 ウタガウ心が強い。
24 室温を一定にタモツ。
25 会社にツトメル。
26 楽しい時をスゴス。
27 親友を家にマネク。
28 スミヤカに処理《しょり》する。
29 国をオサメル。
30 念仏をトナエル。

46

▶入試で差がつく漢字

送り仮名が紛《まぎ》らわしい漢字 ③

〔　月　日〕

／30問

解答➡別冊P.16

書き 送り仮名《がな》もふくめて書きましょう。

□ 1 鳥が水をアビル。

□ 2 花をソナエル。

□ 3 祖父の家をタズネル。

□ 4 特権《とっけん》をウシナウ。

□ 5 食事をイタダク。

□ 6 着ていく服をエラブ。

□ 7 月がミチル。

□ 8 日本でモットモ高い山。

□ 9 スープに塩をクワエル。

□ 10 服装《ふくそう》がトトノウ。

□ 11 かべの絵が目にトマル。

□ 12 モエルごみをゴミ箱に捨《す》てる。

□ 13 グラタンがヤケル。

□ 14 助けをモトメル。

□ 15 緑の多い町でクラス。

□ 16 クラスの委員長をツトメル。

□ 17 町の人口がフエル。

□ 18 風のイキオイが弱まる。

□ 19 兄が会社でハタラク。

□ 20 温かい紅茶《こうちゃ》がサメル。

□ 21 土をふんでカタメル。

□ 22 こわれたラジオをナオス。

□ 23 犬をツレル妹に会った。

□ 24 朝から頭がイタイ。

□ 25 時計が時をキザム。

□ 26 布を青くソメル。

□ 27 くつひもをムスブ。

□ 28 昔からツタワル話。

□ 29 税金をオサメル。

□ 30 試合でヤブレル。

47 ▶入試で差がつく漢字
書き誤りやすい漢字 ①

〔　月　日〕　／22問

解答➡別冊P.16

◆形が似た字をふくむ――線部の言葉を、漢字で答えなさい。

□ 1 ギリを欠いた態度。［　］
□ 2 ギロンが活発になる。［　］
□ 3 カイスイヨクを楽しむ。［　］
□ 4 エンガンで漁をする。［　］
□ 5 新しいテチョウをもらう。［　］
□ 6 無罪をシュチョウする。［　］
□ 7 ヒョウザンの写真をかざる。［　］
□ 8 平和をエイキュウに願う。［　］
□ 9 シュウショクが決まる。［　］
□ 10 豊かなチシキがある。［　］
□ 11 ケンコウな肉体。［　］
□ 12 木造ケンチクの家。［　］
□ 13 ホドウのない通り。［　］
□ 14 生徒をシドウする。［　］

◆次の□には、それぞれ共通する部分をもつ漢字が入る。あてはまる漢字を答えなさい。（完答）

□ 15 展□会《てんらんかい》を開く。―□《りん》時列車に乗る。［　］・［　］
□ 16 □《わす》れ物を届《とど》ける。―□《ぼう》遠鏡をのぞく。［　］・［　］
□ 17 □《なし》の皮をむく。―便□《り》グッズを買う。［　］・［　］
□ 18 □《さい》玉県の特産品。―長□《さき》県の文化を調べる。［　］・［　］

◆次の文でまちがって使われている漢字を一字ぬき出し、正しい漢字に直しなさい。（完答）

□ 19 姉《あね》は、新製品《しんせいひん》の冷臓庫《れいぞうこ》を定価《ていか》の四割引《よんわりび》きで買《か》ったそうだ。 誤［　］・正［　］
□ 20 博物館《はくぶつかん》で見《み》た、滋石《じしゃく》を使《つか》った実験《じっけん》が興味深《きょうみぶか》かった。 誤［　］・正［　］
□ 21 毎朝読書《まいあさどくしょ》する習慣《しゅうかん》をつけたら、国語《こくご》の成積《せいせき》が上《あ》がった。 誤［　］・正［　］
□ 22 祖父《そふ》が受《う》けた手述《しゅじゅつ》は成功《せいこう》し、今《いま》は元気《げんき》に過《す》ごしている。 誤［　］・正［　］

▶入試で差がつく漢字

書き誤りやすい漢字 ②

〔　月　日〕

／22問

解答➡別冊P.16

◆形が似た字をふくむ――線部の言葉を、漢字で答えなさい。

1 動物園のニュウジョウケン。

2 本のカントウを見る。

3 サイゼンの方法を探《さが》す。

4 キゲキを見る。

5 ゲンインを調べる。

6 コンナンな事態におちいる。

7 交友カンケイが広い。

8 短いキカンで終わらせる。

9 りんごのカジツ。

10 カガイ授業を受ける。

11 木のエダを拾う。

12 陸上キョウギの練習をする。

13 オヤコウコウをする。

14 資料をサンコウにする。

◆次の□には、それぞれ共通する部分をもつ漢字が入る。あてはまる漢字を答えなさい。（完答）

15 体の消化器□《かん》。―じょうぶな血□《かん》。

16 看□《かんばん》を出す。―□《はん》画をほる。

17 新聞紙を□《たば》ねる。―荷物を□《そく》達で出す。

18 せまい道□《ろ》。―兄は体□《かく》がよい。

◆次の文でまちがって使われている漢字を一字ぬき出し、正しい漢字に直しなさい。（完答）

19 青森県《あおもりけん》の群部《ぐんぶ》に住《す》んでいる祖母《そぼ》から手紙《てがみ》が届《とど》いた。

誤〔　〕・正〔　〕

20 歴史《れきし》の授業《じゅぎょう》で、幕末《ばくまつ》に活《かつ》やくした武士《ぶし》について学《まな》んだ。

誤〔　〕・正〔　〕

21 本日《ほんじつ》の夕飯《ゆうはん》は、野菜《やさい》サラダ、燃《や》き魚《ざかな》、ご飯《はん》だそうだ。

誤〔　〕・正〔　〕

22 寒《さむ》い日《ひ》は、暖《だん》ぼうをつけて快敵《かいてき》に過《す》ごしている。

誤〔　〕・正〔　〕

49 ▶入試で差がつく漢字
書き誤りやすい漢字 ③

〔　月　日〕

／22問

解答➡別冊P.17

◆形が似た字をふくむ――線部の言葉を、漢字で答えなさい。

1 学校までオウフクする。［　］
2 山のチュウフクで休む。［　］
3 フクザツな問題を解く。［　］

4 ケツロンを出す。［　］
5 小麦をユニュウする。［　］
6 シャリンが外れる。［　］

7 本のチョシャを調べる。［　］
8 書類にショメイする。［　］
9 ショチュウ見まいを書く。［　］

10 センモンカの意見。［　］
11 ハクブツカンへ行く。［　］

12 かさをカす。［　］
13 十円ドウカを集める。［　］
14 バスのウンチンをはらう。［　］

◆次の□には、それぞれ共通する部分をもつ漢字が入る。あてはまる漢字を答えなさい。（完答）

15 ねぼうした言い□《わけ》をする。―□《しゃく》度を測る。［　］・［　］
16 □《そう》庫を建てる。―□《そう》作ダンスをおどる。［　］・［　］
17 時間を□《えん》長する。―妹の□《たん》生日を祝う。［　］・［　］
18 校歌の歌□《し》。―羊を□《し》育する。［　］・［　］

◆次の文でまちがって使われている漢字を一字ぬき出し、正しい漢字に直しなさい。（完答）

19 新幹線《しんかんせん》で行《い》くより、飛行機《ひこうき》で行《い》ったほうが効卒《こうりつ》がよい。
誤［　］・正［　］

20 将来《しょうらい》は、拝優《はいゆう》になって映画《えいが》の主演《しゅえん》を務《つと》めたい。
誤［　］・正［　］

21 祖父《そふ》が、山《やま》でとった態《くま》の親子《おやこ》の写真《しゃしん》を送《おく》ってくれた。
誤［　］・正［　］

22 姉《あね》は、来年《らいねん》から市役所《しやくしょ》に難務《きんむ》するそうだ。
誤［　］・正［　］

50 ▶漢字の書き分け 同訓異字 ①

〔　月　日〕

／30問

解答➡別冊P.17

書き

1 友人とアう。
2 意見がアう。
3 顔がアカらむ。
4 東の空がアカらむ。
5 本をたなにアげる。
6 例をアげる。
7 アタタかい料理。
8 アタタかい室内。
9 はっきりしたコト葉。
10 大切なコトがら。
11 意見がコトなる。
12 宿題をハジめる。
13 生まれてハジめての体験。
14 ハヤい時期に病気を治す。
15 流れのハヤい川。

16 気にイる。
17 矢をイる。
18 父は家にイる。
19 年月をへる。
20 湖の水がへる。
21 マを置いて話す。
22 でたらめな話をマに受ける。
23 墓前に花をソナえる。
24 必要な道具をソナえる。
25 ナガいひもでくくる。
26 ナガいねむりにつく。
27 責任をオう。
28 あとをオう。
29 服がビリッとヤブれる。
30 競争にヤブれる。

51

▶漢字の書き分け

同訓異字 ②

〔　月　日〕

／30問

解答➡別冊P.17

書き

1 二つの国をオサめる。
2 成功をオサめる。
3 学問をオサめる。
4 会費をオサめる。
5 遊びカタを工夫《くふう》する。
6 カタいっぽうを持つ。
7 あとカタもなく消える。
8 カタがくずれる。
9 電車をオりる。
10 幕《まく》がオりる。
11 ヒが暮《く》れる。
12 ヒをおこして魚を焼く。
13 川カミのほうへ歩く。
14 勝利をカミにいのる。
15 一枚《まい》のカミ。

16 予定をカえる。
17 ピッチャーをカえる。
18 油に水がマじる。
19 大勢にマじる。
20 悪モノに立ち向かう。
21 それは私《わたし》のモノです。
22 会社にツトめる。
23 勉学にツトめる。
24 議長をツトめる。
25 骨《ほね》をオる。
26 布をオる。
27 借りた本をカエす。
28 生徒を自宅《じたく》にカエす。
29 険しいサカ道。
30 サカさまに転げ落ちる。

52 ▶漢字の書き分け
同訓異字 ③

〔　月　日〕

／30問

解答➡別冊P.18

書き

1 かさをサして歩く。
2 北をサして進む。
3 目をサます。
4 お湯をサます。
5 シオからいおかず。
6 シオの香りがする。
7 短い夏の夜がアける。
8 午前中は家をアける。
9 かぎをアける。
10 いなかにスむ。
11 用事がスむ。
12 気持ちを言葉にアラワす。
13 犯人が姿《すがた》をアラワす。
14 真珠《しんじゅ》のタマ。
15 電気のタマ。

16 消息をタつ。
17 ビルがタつ。
18 アツい雲におおわれる。
19 アツい部屋から出る。
20 アツいお湯を注ぐ。
21 新鮮《しんせん》な牛のチチ。
22 チチと母。
23 疑《うたが》いをトく。
24 仏《ほとけ》の教えをトく。
25 目的地にツく。
26 おまけがツく。
27 野菜をツくる。
28 大工さんが船をツくる。
29 手のよごれをトる。
30 検査のため血をトる。

53 ▶漢字の書き分け

同訓異字 ④

〔　月　日〕

／30問

解答➡別冊P.18

書き

1 客足がトまる。
2 心にトまる話。
3 タイミングをハカる。
4 湖水の深さをハカる。
5 容積をハカる。
6 機械をナオす。
7 病気をナオす。
8 しかられてナく。
9 ねこがナく。
10 親しいトモと語る。
11 分けへだてなくトモに遊ぶ。
12 おトモを連れた大名の列。
13 美しい虫のネに耳をすます。
14 品物のネが下がる。
15 しっかりと地にネを下ろす。

16 ベルをナらす。
17 寒さに体をナらす。
18 欠席の理由をノべる。
19 期日をノべる。
20 都へノボる。
21 山にノボる。
22 今日はヨい天気だ。
23 それはヨい心がけだ。
24 カメラで風景をウツす。
25 鏡にウツす。
26 席を前にウツす。
27 小鳥をハナす。
28 兄に考えをハナす。
29 卵《たまご》をウむ。
30 よい結果をウむ。

54 ▶漢字の書き分け
同音異義語 ①

〔 月 日〕

／30問

解答➡別冊P.18

書き

1 当番イガイは帰ってよい。
2 イガイな使い方をする。
3 イギのある活動。
4 提案にイギを唱える。
5 思ったイジョウに集まる。
6 イジョウ気象に備える。
7 貿易のシュウシを報告する。
8 シュウシだまっていた。
9 月は地球のエイセイだ。
10 台所のエイセイを心がける。
11 誤字《ごじ》のシュウセイをする。
12 動物のシュウセイを調べる。
13 深刻《しんこく》なジタイになる。
14 それジタイが問題だ。
15 出場をジタイする。

16 ガイトウのある道。
17 ガイトウ演説を聞く。
18 勝利をカクシンする。
19 技術のカクシンを図《はか》る。
20 比較《ひかく》タイショウする。
21 興味のタイショウ。
22 ジンコウが増える。
23 ジンコウ呼吸《こきゅう》をする。
24 早寝《はやね》早起きのシュウカン。
25 シュウカン誌《し》を読む。
26 交通安全シュウカン。
27 童話の本をカンコウする。
28 高層《こうそう》ビルがカンコウした。
29 社会のカンコウに従《したが》う。
30 カンコウ名所をめぐる。

55 ▶漢字の書き分け 同音異義語 ②

〔　月　日〕

／30問

解答➡別冊P.19

書き

1 十点差でカンショウした。
2 秋はカンショウ的な季節だ。
3 カンショウ用の植物。
4 素晴《すば》らしさにカンシンする。
5 芸術にカンシンをもつ。
6 相手のイコウをたずねる。
7 次回イコウ気をつける。
8 イシの診察《しんさつ》を受ける。
9 イシの強い人。
10 年末にはキセイする。
11 持ちこみをキセイする。
12 ヒジョウベルが鳴る。
13 ヒジョウな仕打ち。
14 カンケツに説明する。
15 物語がカンケツする。

16 交通キカンの発達。
17 左右に分かれるキカン支。
18 本の貸し出しキカン。
19 名画がコウカイされた。
20 コウカイを行き来する。
21 難破船《なんぱせん》のコウカイ日誌《にっし》。
22 コウシュウ道徳を守る。
23 中国語のコウシュウ。
24 重大なシメイを帯びる。
25 代表にシメイされる。
26 キカイ体操《たいそう》の選手。
27 よいキカイをのがさない。
28 工場のキカイを直す。
29 連絡船《れんらくせん》がケッコウする。
30 試合をケッコウする。

56

▶漢字の書き分け

同音異義語 ③

〔　月　日〕

／30問

解答➡別冊P.19

書き

1 広場でキュウソクする。
2 キュウソクに遠のく島影《しまかげ》。
3 サイシンの設備。
4 サイシンの注意をはらう。
5 安全をホショウする。
6 借金のホショウ人。
7 ケイセイは逆転した。
8 都市をケイセイする要素。
9 人口がゲンショウする。
10 めずらしいゲンショウ。
11 問題点をケントウする。
12 およそのケントウをつける。
13 答えが正しいとカテイする。
14 幸福なカテイ生活。
15 発展《はってん》のカテイをたどる。

16 有名歌手の来日コウエン。
17 教授のコウエンを聞く。
18 万全のタイセイを整える。
19 経営のタイセイを立て直す。
20 次代の文化のソウゾウ。
21 未来の姿《すがた》をソウゾウする。
22 町のイドウ図書館。
23 人事イドウで部署《ぶしょ》が変わる。
24 他社とキョウソウする。
25 百メートルキョウソウに出る。
26 苦しさからカイホウされる。
27 病状がカイホウにむかう。
28 外国に門戸をカイホウする。
29 劇《げき》のコウソウをまとめる。
30 都市のコウソウ建築。

57

▶漢字の書き分け

同音異義語 ④

〔　月　日〕

／30問

解答➡別冊P.19

書き

1 車輪がカイテンする。
2 カイテン祝いの花束。
3 キショウな植物を守る。
4 キショウ台の発表を聞く。
5 コウセイに伝えたい文化。
6 コウセイな判断。
7 家族コウセイを調べる。
8 討論《とうろん》のあとサイケツする。
9 上司にサイケツをあおぐ。
10 農作物の冷害をヨチする。
11 議論のヨチがない。
12 テキカクに書き表す。
13 代表者としてテキカクだ。
14 旧友にサイカイする。
15 協議をサイカイする。
16 発表会にショウタイする。
17 犯人のショウタイをつかむ。
18 交通ジコを防ぐ。
19 ジコ中心の考えを改める。
20 シジをよく聞く。
21 多数のシジを得る。
22 薬のコウカが切れる。
23 コウカな本を買う。
24 ジシンの考えで行動する。
25 ジシンをもって発表する。
26 アンケートにカイトウする。
27 テストのカイトウ用紙。
28 借金をセイサンする。
29 商品を大量にセイサンする。
30 運賃《うんちん》をセイサンする。

熟語づくり ①

〔　月　日〕　／22問

解答➡別冊P.20

◆ **それぞれ熟語《じゅくご》になるように、次の□に共通して入る漢字を［　］から選んで答えなさい。**

□ 1 □品・守□・準□ 〔　〕
□ 2 収□・□小・短□ 〔　〕
□ 3 制□・期□・□界 〔　〕
□ 4 □集・綿□・秘□ 〔　〕
□ 5 通□・□失・□去 〔　〕

［過・限・縮・備・密］

◆ **熟語の組み合わせには、主に次のようなものがある。**

ア 反対や対《つい》になる意味の漢字を組み合わせたもの。（例…内外）
イ 同じような意味の漢字を組み合わせたもの。（例…進行）
ウ 上の字が下の字を説明（修飾《しゅうしょく》）しているもの。（例…国旗）
エ 下の字が上の字の目的や対象になっているもの。（例…消火）

次の熟語は、右のア～エのどれにあたるか、記号で答えなさい。

□ 6 縦横 〔　〕
□ 7 死亡 〔　〕
□ 8 必着 〔　〕
□ 9 善悪 〔　〕
□ 10 就職 〔　〕
□ 11 養蚕 〔　〕

◆ **三字の熟語となるように、次の□に「不」「未」「無」「非」のいずれかを入れなさい。**

□ 12 □完成 〔　〕
□ 13 □関心 〔　〕
□ 14 □注意 〔　〕
□ 15 □常識 〔　〕
□ 16 □可能 〔　〕
□ 17 □解決 〔　〕

◆ **次の――線部と同じ意味になる言葉をあとからそれぞれ選び、記号で答えなさい。また、その言葉を漢字に直しなさい。（完答）**

□ 18 海外に出張している父が来週帰ってくるという、うれしい知らせを聞いて喜んだ。〔　・　〕
□ 19 一部の地域《ちいき》を突然《とつぜん》おそう大雨が、最近増えている。〔　・　〕
□ 20 家の近くの駅は、常に多くの人でごたついている。〔　・　〕
□ 21 私《わたし》の祖父は、どんなときでも落ち着いて行動できる人だ。〔　・　〕
□ 22 不要なものを始末して、部屋を片付《かたづ》けよう。〔　・　〕

ア きょくち　イ しょぶん　ウ ろうほう
エ こんざつ　オ れいせい

▶さまざまな熟語

熟語づくり ②

〔　月　日〕

／22問

解答➡別冊P.20

◆次の□には、上の漢字または下の漢字と組み合わせると、二字の熟語《じゅくご》となる漢字が入る。あてはまる漢字を［　］から選んで答えなさい。

（例）砂―糖―分―解―答
（「砂糖」「糖分」「分解」「解答」という二字の熟語がそれぞれできる。）

□1 □―判―定―□―模　［　・　］
□2 選―□―手―□―落　［　・　］
□3 □―気―候―□―欠　［　・　］
□4 行―政―□―安―□　［　・　］

段・磁・否・規・補・治・批・挙

◆次の三字の熟語は、「一字＋二字の熟語」「二字の熟語＋一字」「一字＋一字＋一字」のいずれかに分けることができる。それぞれ例にならって分けなさい。

（例）衣食住→［衣＋食＋住］

□5 高性能→［　］
□6 輸入品→［　］
□7 市町村→［　］
□8 加盟国→［　］

◆二字の熟語となるように、次の□に入る似た意味の漢字を［　］から選んで答えなさい。

□9 豊□［　］
□10 □敬［　］
□11 □木［　］
□12 永□［　］
□13 価□［　］
□14 改□［　］

久・樹・尊・富・値・革

◆次の――線部と同じ意味になる言葉をあとからそれぞれ選び、記号で答えなさい。また、その言葉を漢字に直しなさい。（完答）

□15 劇《げき》で着る衣しょうを、全員黄色にそろえる。［　・　］
□16 日本は、主に自動車や鉄鋼《てっこう》などを外国に売っている。［　・　］
□17 来週の学級会で、司会を受け持つことになった。［　・　］
□18 暖《あたた》かくなったので、冬物の衣類をしまう。［　・　］

ア はんめい　イ たんとう　ウ とういつ
エ ゆしゅつ　オ しゅうのう

60 ▶さまざまな熟語 熟語づくり ③

〔　月　日〕

／24問

解答➡別冊P.20

◆次の□には、矢印の方向に読むとそれぞれ二字の熟語《じゅくご》になる漢字が入る。その漢字を答えなさい。

1 伝→□→葉、宣→□→論〔　〕

2 点→□→定、探→□→査〔　〕

3 体→□→複、貴→□→心〔　〕

4 複→□→誌、混→□→木〔　〕

5 分→□→生、視→□→望〔　〕

6 一→□→進、革→□→調〔　〕

◆次の二つの□に共通して入る漢字を答え、四字の熟語を完成させなさい。また、それぞれの熟語の読みも答えなさい。

7 □種□様〔　〕・〔　〕

8 □材□所〔　〕・〔　〕

9 □由□在〔　〕・〔　〕

10 □心□意〔　〕・〔　〕

◆三字の熟語となるように、次の□に入る漢字を［　］から選んで答えなさい。

11 銀河□〔　〕

12 電車□〔　〕

13 □織物〔　〕

14 消費□〔　〕

15 日光□〔　〕

16 □風景〔　〕

［賃・系・浴・絹・殺・税］

◆次の――線部と同じ意味になる言葉をあとからそれぞれ選び、記号で答えなさい。また、その言葉を漢字に直しなさい。（完答）

17 机《つくえ》の縦《たて》と横の長さを調べる。〔　〕・〔　〕

18 オリジナルの家具をこしらえる。〔　〕・〔　〕

19 いそがしくて、他のことを考えるゆとりもない。〔　〕・〔　〕

20 クラス全員の意見を、ひとつにまとめる。〔　〕・〔　〕

ア せつぞく　イ すんぽう　ウ そうごう
エ せいさく　オ よち

61 ▶さまざまな熟語 熟語づくり ④

〔　月　日〕

／20問

解答➡別冊P.21

◆二字の熟語《じゅくご》となるように、次の□に入る反対の意味の漢字を□から選んで答えなさい。

□1 損□〔　　〕　□2 □満〔　　〕
□3 存□〔　　〕　□4 可□〔　　〕
□5 夫□〔　　〕　□6 □減〔　　〕

干・婦・亡・増・否・益

◆熟語の組み合わせには、主に次のようなものがある。

ア 反対や対《つい》になる意味の漢字を組み合わせたもの。（例…内外）
イ 同じような意味の漢字を組み合わせたもの。（例…進行）
ウ 上の字が下の字を説明（修飾《しゅうしょく》）しているもの。（例…国旗）
エ 下の字が上の字の目的や対象になっているもの。（例…消火）

次の熟語は、右のア〜エのどれにあたるか、記号で答えなさい。

□7 激流〔　　〕　□8 開閉〔　　〕
□9 延期〔　　〕　□10 停止〔　　〕
□11 表現〔　　〕　□12 観劇〔　　〕

◆四字の熟語となるように、次の□に入る言葉を□から選び、それぞれ漢字に直して答えなさい。

□13 利害□□〔　　〕　□14 八方□□〔　　〕
□15 直立□□〔　　〕　□16 先手□□〔　　〕

ふどう・びじん・ひっしょう・とくしつ

◆次の——線部と同じ意味になる言葉をあとからそれぞれ選び、記号で答えなさい。また、その言葉を漢字に直しなさい。（完答）

□17 週末に行く旅行の用意をする。〔　〕・〔　　〕
□18 台風でくずれた橋をもとどおりに直す。〔　〕・〔　　〕
□19 参加者全員に景品が配られたが、遠りょして断った。〔　〕・〔　　〕
□20 私《わたし》の家は、となりの家とぴったりくっついている。〔　〕・〔　　〕

ア じたい　イ みっせつ　ウ しゅうふく
エ じゅんび　オ すじみち

62

▶さまざまな熟語

四字熟語 ①

〔　月　日〕

／30問

解答➡別冊P.21

読み

□ 1 千変万化　さまざまに変化すること。

□ 2 自業自得　自分の行いの結果を自分が受けること。

□ 3 粉骨砕身　力の限り努力すること。一生懸命《いっしょうけんめい》働くこと。

□ 4 破顔一笑　顔をほころばせて、にっこり笑うこと。

□ 5 十人十色　考えや性質などが、人によってそれぞれちがうこと。

□ 6 順風満帆　物事が順調に進行すること。

□ 7 一切合切　全部。残らず。

□ 8 一部始終　事の始めから終わりまで。

□ 9 前代未聞　今まで聞いたこともないようなめずらしいこと。

□ 10 平身低頭　ひたすら頭を下げて謝《あやま》ること。

□ 11 朝令暮改　規則などがすぐに変更《へんこう》されること。

□ 12 年功序列　年齢《ねんれい》や勤続《きんぞく》年数によって、地位や給料が上がること。

□ 13 馬耳東風　他人の意見や批評《ひひょう》に耳を貸さないこと。

□ 14 右往左往　あわてふためいて、行ったり来たりすること。

□ 15 以心伝心　考えていることが、だまっていてもおたがいにわかること。

書き

□ 16 □日□秋　時間や日にちが非常に長く感じられるほど、待ち望むこと。

□ 17 □肉□食　よわい者がつよい者のえじきとなること。

□ 18 □裏□体　相反するように見えて、実は深くつながっていること。

□ 19 □末□倒　根本的なこととそうでないこととを取りちがえること。

□ 20 □信□通　便りや訪問《ほうもん》がまったくないこと。

□ 21 □名□実　名ばかりで実質がともなわないこと。

□ 22 □承□結　文章の構成や物事の順序。

□ 23 □天□日　青空に太陽がかがやくこと。疑《うたが》いが晴れて無罪になること。

□ 24 □中□索　手がかりがないまま、いろいろと試《ため》してみること。

□ 25 □発□中　予想やねらいなどが、すべて思い通りになること。

□ 26 □東□文　数が多くても、値段《ねだん》が非常に安いこと。

□ 27 □進□歩　絶えず進歩し続けること。

□ 28 □小□大　ちょっとしたことをおおげさに言うこと。

□ 29 □苦□苦　非常に苦しむこと。

□ 30 □前□後　今までにも例がなく、これからもありえないようなこと。

63 ▶さまざまな熟語
四字熟語 ②

〔　月　日〕

／30問

解答➡別冊P.21

読み

□ 1 因果応報　自分のした行いが、報《むく》いとなって自分にふりかかること。

□ 2 五里霧中　物事の様子がまったくわからず、方針《ほうしん》が立てられないこと。

□ 3 我田引水　自分に都合がよいように、物事を言ったりしたりすること。

□ 4 一念発起　心を入れかえて、あることをしようと決心すること。

□ 5 不言実行　あれこれ言わずに、するべきことを実行すること。

□ 6 七転八倒　苦しくて転げ回ること。

□ 7 異口同音　多くの人が口をそろえて同じように言うこと。

□ 8 一期一会　一生に一度の出会い。

□ 9 千客万来　多くの客が、絶えることなくやってくること。

□ 10 四面楚歌　周りを敵《てき》や反対者ばかりに囲まれ、味方がいないこと。

□ 11 古今東西　いつでも、どこでも。

□ 12 喜色満面　うれしさや喜びが顔に満ちあふれていること。

□ 13 一朝一夕　わずかな時間。

□ 14 私利私欲　自分の利益だけを考えた欲望。

□ 15 一刀両断　すみやかに決断して処理《しょり》すること。

書き

□ 16 □千□千　世の中の裏表《うらおもて》を知りつくして、ずるがしこいこと。

□ 17 □信□疑　うそか本当かわからず、迷っている様子。

□ 18 □理□題　むりな言いがかり。

□ 19 □捨□択　悪いものを捨《す》てて、よいものを取ること。

□ 20 □胆□敵　度胸《どきょう》があって、何ものもおそれない様子。

□ 21 □同□異　細かい部分はちがうが、ほぼ同じであること。

□ 22 □味□長　奥深《おくぶか》い意味をもっていること。

□ 23 □刀□入　前置きを入れず、すぐに本題に入ること。

□ 24 □耕□読　自由でのどかな生活をすること。

□ 25 □望□里　広々と見わたせること。

□ 26 □三□四　何度も何度も。たびたび。

□ 27 □鳥□月　自然の美しい様子。

□ 28 □船□馬　絶えずいそがしく旅をしていること。

□ 29 □故□新　昔のことを調べて、そこから新しい考えや知識を得ること。

□ 30 □全□欠　全部備わっていて、まったく欠点のないこと。

64 ▶さまざまな熟語
四字熟語 ③

〔　月　日〕
／30問

解答➡別冊P.22

読み

□ 1 舌先三寸　口先だけでたくみに言いくるめること。
□ 2 不承不承　いやいや。しぶしぶ。
□ 3 明朗快活　明るくほがらかで、物事にこだわらないこと。
□ 4 意気投合　おたがいの気持ちがぴったり合うこと。
□ 5 十中八九　十のうち八か九まで。ほとんど。たいてい。
□ 6 傍若無人　他人を無視《むし》して勝手気ままにふるまうこと。
□ 7 公明正大　私心《ししん》を差しはさまず、正しく事を行うこと。
□ 8 付和雷同　自分にしっかりした考えがなく、他人に同調すること。
□ 9 明鏡止水　心が静かですみきっている様子。
□ 10 品行方正　行いがきちんとして正しい様子。
□ 11 笑止千万　非常にばかばかしいこと。
□ 12 他力本願　他人の力にたよって事をなすこと。
□ 13 森羅万象　宇宙《うちゅう》に存在《そんざい》する、すべてのもの。
□ 14 朝三暮四　目先のちがいにとらわれ、結果が同じだと気づかないこと。
□ 15 唯一無二　ただひとつだけあって、ふたつとないこと。

書き

□ 16 □人□脚　ふたりが歩調を合わせて共同で物事を行うこと。
□ 17 □我□中　あることに熱中し、我《われ》を忘《わす》れること。
□ 18 □石□鳥　ひとつのことをしてふたつの利益を得ること。
□ 19 □答□用　あれこれ議論《ぎろん》しても何の役にも立たず、その必要もないこと。
□ 20 □寒□温　寒い日が三日ほど続いた後、四日ほど暖《あたた》かい日が続くこと。
□ 21 □柔□断　ぐずぐずして物事の決断ができないこと。
□ 22 □画□賛　自分で自分のことをほめること。
□ 23 □意□心　ほかのことを考えず、ひとつのことに集中すること。
□ 24 □長□短　長所もあり、同時に短所もあること。
□ 25 □光□火　非常に短い時間。また、動きが非常に速いこと。
□ 26 □機□髪　髪《かみ》の毛《け》一本の差ほどできけんがせまっている様子。
□ 27 □断□敵　気をゆるめていると、失敗の原因となりやすい。
□ 28 □路□然　考えや話などの筋道《すじみち》が通っている様子。
□ 29 □池□林　ぜいたくをきわめた酒宴《しゅえん》。
□ 30 □挙□得　ひとつの動作でふたつの利益を得ること。

65 ▶さまざまな熟語 四字熟語 ④

〔　月　日〕

／30問

解答➡別冊P.22

読み

□1 半死半生　今にも死にそうな状態。

□2 一刻千金　楽しいときや大切なときが過ぎるのを、おしむ気持ち。

□3 独立独歩　他人にたよらず、自分の思う通りにやること。

□4 一心不乱　ほかのことに注意をそらさず、ひとつのことに集中する様子。

□5 門外不出　貴重《きちょう》な書画などを秘蔵《ひぞう》して、外に出さないこと。

□6 諸行無常　この世のすべてのものは常に変化し、変わらないものはないこと。

□7 一世一代　一生のうち、ただ一度であること。

□8 試行錯誤　試みと失敗をくり返しながらやりとげていくこと。

□9 時期尚早　それを行うにはまだ早すぎること。

□10 一言一句　ひとつひとつの語句。

□11 老若男女　年齢《ねんれい》や男女の区別なく、すべての人々。

□12 臨機応変　その時々の場面や状況《じょうきょう》に応じて、適切な処置《しょち》をすること。

□13 七難八苦　さまざまな苦難。

□14 喜怒哀楽　人間のさまざまな感情。

□15 言語道断　あまりにもひどくて、言葉も出ないほどであること。

書き

□16 □意□到　準備が十分に整っていること。

□17 □機□転　あることをきっかけにして、気持ちがすっかり変わること。

□18 □義□分　何か事をするにあたっての、きちんとした口実。

□19 □戦□闘　非常に苦しんで戦うこと。非常な努力をはらうこと。

□20 □死□生　今にもだめになりそうな物事を立て直すこと。

□21 □方□方　あらゆる方面。

□22 □体□命　困難《こんなん》な状態に追いつめられ、どうしてもにげられないこと。

□23 □給□足　必要なものを自分で生産してまかなうこと。

□24 □存□栄　二つ以上のものが、ともに生存《せいぞん》してともに栄えること。

□25 □挙□動　ひとつひとつの動作やふるまい。

□26 □奔□走　あちこちいそがしくかけ回ること。

□27 □騎□千　一人で千人の敵《てき》を相手にするほど強いこと。

□28 □心□体　複数の人間が、心も体もひとつになるほど強く結びつくこと。

□29 □病□災　病気をせず健康であること。

□30 □心□鬼　うたがい出すと、何でもないものでもうたがわしくなる。

66 ▶さまざまな熟語
慣用句・ことわざ ①

〔　月　日〕

／20問

解答➡別冊P.22

読み

□ 1 青菜に塩
人が元気を失って、しおれたようになっていること。
〔　　〕

□ 2 白羽の矢が立つ
多くの人の中から特に選ばれる。
〔　　〕

□ 3 二兎を追う者は一兎をも得ず
同時に二つのことをしようとする者は、どちらの成功も得られない。
〔　　〕

□ 4 笑う門には福来たる
いつもにこにこしている家には、自然に幸運がめぐってくる。
〔　　〕

□ 5 苦虫をかみつぶす
ひどく不愉快《ふゆかい》そうな顔つきのたとえ。
〔　　〕

□ 6 悪事千里を走る
悪い行いや評判は、たちまち世間に知れわたるものだ。
〔　　〕

□ 7 腐っても鯛《たい》
本来上等なものは、たとえだめになってもその値打《ねう》ちを失わない。
〔　　〕

□ 8 所変われば品変わる
土地がちがえば、風俗《ふうぞく》や習慣もそれぞれ異《こと》なる。
〔　　〕

□ 9 百聞は一見にしかず
くり返し人の話を聞くより、実際に自分の目で確かめるほうが有効である。
〔　　〕

□ 10 病は気から
病気は気のもちようで、重くも軽くもなる。
〔　　〕

書き

□ 11 ホトケの顔も三度
どんなに温和な人でも、たびたびひどいことをされればついにはおこり出す。
〔　　〕

□ 12 ヤけ石に水
努力や援助《えんじょ》がわずかで、効果が得られないこと。
〔　　〕

□ 13 リョウヤクは口に苦し
自分のためを思う忠告《ちゅうこく》はありがたいが、聞くのがつらい。
〔　　〕

□ 14 イッスンの虫にも五分の魂《たましい》
小さく弱いものでも、それなりの意地をもっているということ。
〔　　〕

□ 15 カホウはねて待て
幸運の訪《おとず》れは人の力ではどうにもならないので、あせらず時機を待つのがよい。
〔　　〕

□ 16 タザンの石
他人のよくない言動も、自分の役に立てること。
〔　　〕

□ 17 コウ一点
多くの男性の中に交じっている、ただ一人の女性。
〔　　〕

□ 18 カい犬に手をかまれる
普段《ふだん》目をかけていた者から、思いがけず害を受けること。
〔　　〕

□ 19 アブない橋をわたる
あぶない行いをあえてする。
〔　　〕

□ 20 飛ぶ鳥を落とすイキオい
きわめて盛《さか》んないきおいのたとえ。
〔　　〕

67

▶さまざまな熟語

慣用句・ことわざ ②

〔　月　日〕

／20問

解答➡別冊P.23

読み

□ 1 のれんに腕押し
手応《てごた》えがないこと。張り合いがないこと。
〔　　　〕

□ 2 憎まれっ子世にはばかる
きらわれるような人に限って、世間では勢いをふるうものだ。
〔　　　〕

□ 3 風前のともし火
今にも死んだりほろんだりしそうな危険《きけん》な状態であること。
〔　　　〕

□ 4 魚心あれば水心
相手が自分に好意をもてば、自分も好意をもつようになること。
〔　　　〕

□ 5 苦しいときの神頼み
苦しいときだけ、神仏に助けを求めること。
〔　　　〕

□ 6 地獄で仏に会ったよう
苦境にあったときに思わぬ助けに合う。
〔　　　〕

□ 7 煮え湯を飲まされる
信用していた者に裏切《うらぎ》られて、ひどい目にあう。
〔　　　〕

□ 8 悪銭身につかず
不正な手段《しゅだん》によって得た金は、浪費《ろうひ》してすぐになくなってしまう。
〔　　　〕

□ 9 海老で鯛《たい》をつる
わずかな労力や品物で、多くの利益を得ること。
〔　　　〕

□ 10 医者の不養生
他人には立派《りっぱ》なことを言うが、自分では実行しないこと。
〔　　　〕

書き

□ 11 チクバの友
幼《おさな》なじみ。
〔　　　〕

□ 12 ゼンは急げ
よいことは機会をのがさずすぐにせよ。
〔　　　〕

□ 13 長いものにはマかれろ
目上の者や権力者《けんりょくしゃ》には、だまって従《したが》うのが得策《とくさく》だ。
〔　　　〕

□ 14 ねこにコバン
価値《かち》のわからないものに高価なものをあたえてもむだである。
〔　　　〕

□ 15 ルイは友を呼《よ》ぶ
似通った傾向《けいこう》をもつ者は自然と集まる。
〔　　　〕

□ 16 虎《とら》の威《い》を力るきつね
他人の権威をたよりにしていばる人。
〔　　　〕

□ 17 雨フって地固まる
悪いことがあった後は、かえって事態がよい方向に進む。
〔　　　〕

□ 18 イシバシをたたいてわたる
用心の上にも用心を重ねる。
〔　　　〕

□ 19 けがのコウミョウ
間違《まちが》いや偶然《ぐうぜん》したことが、好結果をもたらすこと。
〔　　　〕

□ 20 旅はミチヅれ世は情け
旅はみちづれがいたほうがたのもしいように、世の中をわたるには思いやりの心が大切だ。
〔　　　〕

慣用句・ことわざ ③

〔　月　日〕

／20問

解答➡別冊P.23

読み

□ 1 井《い》の中の蛙大海を知らず
自分のせまい知識にとらわれ、より広い世界があることを知らないこと。
〔　　〕

□ 2 河童の川流れ
その道の達人でも、ときには失敗することがある。
〔　　〕

□ 3 口も八丁手も八丁
言うこともすることも、達者であること。
〔　　〕

□ 4 転ばぬ先のつえ
前もって用心していれば失敗することはない。
〔　　〕

□ 5 朱《しゅ》に交われば赤くなる
友人や環境《かんきょう》によって、人は良くも悪くもなる。
〔　　〕

□ 6 棚からぼたもち
何もしていないのに、思わぬ幸運にめぐり合う。
〔　　〕

□ 7 豚《ぶた》に真珠
価値《かち》のわからない者には、貴重《きちょう》なものでも意味がない。
〔　　〕

□ 8 縁の下の力持ち
人に知られず、かげで力を尽《つ》くすこと。
〔　　〕

□ 9 鬼《おに》の居ぬ間に洗濯
気兼《きが》ねをする人やこわい人がいない間に、息抜《いきぬ》きをすること。
〔　　〕

□ 10 溺れる者はわらをもつかむ
追いつめられたときには、全然たのみにならないものにでもすがるものだ。
〔　　〕

書き

□ 11 犬も歩けばボウに当たる
よけいなことをして、災難《さいなん》にあうこと。また、思いがけぬ幸運に出会うこと。
〔　　〕

□ 12 オビに短したすきに長し
中途半端《ちゅうとはんぱ》で役に立たないこと。
〔　　〕

□ 13 ドクを食らわば皿まで
一度罪悪を犯《おか》したからには、徹底的《てっていてき》に罪悪を重ねる。
〔　　〕

□ 14 喉元《のどもと》過ぎれば熱さをワスれる
苦しいことも過ぎてしまえばわすれてしまう。
〔　　〕

□ 15 早起きは三文のトク
早起きをすれば、何かよいことがある。
〔　　〕

□ 16 花よりダンゴ
風流より実際に役に立つほうを選ぶこと。
〔　　〕

□ 17 うそもホウベン
時と場合によっては、うそも必要であること。
〔　　〕

□ 18 馬の耳にネンブツ
ためになる言葉にも、全然従《したが》おうとしないこと。
〔　　〕

□ 19 亀《かめ》の甲《こう》より年のコウ
年長者の豊かな経験は、重んじなければならない。
〔　　〕

□ 20 木でハナをくくる
そっけない態度をとる。
〔　　〕

69 ▶さまざまな熟語 慣用句・ことわざ ④

〔　月　日〕

／20問

解答➡別冊P.23

読み

□ 1 触らぬ神にたたりなし
関係しなければ、災《わざわ》いを招くこともない。

□ 2 立つ鳥跡《あと》を濁さず
立ち去るものは、あとが見苦しくないように始末をする。

□ 3 渡りに船
望んでいるものが、ちょうど都合よくあたえられる。

□ 4 寝耳に水
不意の出来事におどろくこと。

□ 5 くもの子を散らす
大勢の者が四方八方に広がる様子。

□ 6 後悔先に立たず
失敗した後では、いくらくやんでも取り返しがつかない。

□ 7 覆水盆《ぼん》に返らず
一度してしまったことは取り返しがつかないということ。

□ 8 知らぬが仏
当人が知らないで平気でいることをあざけっていう。

□ 9 餅は餅屋
物事にはそれぞれ専門家《せんもんか》がいて、素人《しろうと》のおよぶところではない。

□ 10 衣食足りて礼節を知る
人は生活が楽になって初めて、礼儀《れいぎ》や節度を重んじるようになる。

書き

□ 11 ギョフの利
二者が争っている間に、第三者が利益を得ること。

□ 12 ちりもツもれば山となる
ほんのささいなものでも、つもれば大きなものとなる。

□ 13 ハイスイの陣《じん》
一歩も後に引けないような、せっぱつまった状況《じょうきょう》。

□ 14 ナサけは人のためならず
人に親切にしておけば、めぐりめぐって自分のためになる。

□ 15 鬼《おに》にカナボウ
強い者がさらに強さを得ること。

□ 16 ねこの手もカりたい
少しの助けでもほしいほど、きわめていそがしいこと。

□ 17 弘法《こうぼう》にも筆のアヤマり
その道の達人でも、ときには失敗することがある。

□ 18 ハチクの勢い
物事の勢いが激《はげ》しく、とどめることができないこと。

□ 19 ノウある鷹《たか》は爪《つめ》をかくす
実力のある人物は、それを不必要に見せつけることはしないものである。

□ 20 まかぬ種はハえぬ
何もしなければ、よい結果が得られることはない。

70 ▶さまざまな熟語 類義語 ①

〔　月　日〕

／45問

解答➡別冊P.24

書き

1 去年＝□年
2 議論《ぎろん》＝□議
3 逆境＝□境
4 失敗＝□失
5 決行＝□行
6 決心＝決□
7 短所＝□点
8 原因＝理□
9 限度＝限□
10 公正＝公□
11 本年＝□年
12 資産＝□産
13 作者＝□者
14 死亡《しぼう》＝死□
15 勤労《きんろう》＝労□

16 辞職＝□職
17 独習＝□習
18 施設《しせつ》＝設□
19 賛成＝同□
20 無礼＝□礼
21 手段《しゅだん》＝□法
22 好調＝□調
23 情熱＝熱□
24 処分《しょぶん》＝処□
25 署名《しょめい》＝□名
26 所有＝所□
27 独立＝□立
28 人造＝人□
29 発達＝□歩
30 推測《すいそく》＝推□

31 住宅《じゅうたく》＝住□
32 本式＝□式
33 性格＝性□
34 空想＝想□
35 損害＝損□
36 案外＝□外
37 容易＝□単
38 永遠＝永□
39 不平＝不□
40 突然《とつぜん》＝不□
41 美点＝□所
42 美観＝□観
43 安全＝□事
44 目標＝目□
45 苦慮《くりょ》＝苦□

71

▶さまざまな熟語

類義語 ②

〔　月　日〕

／45問

解答➡別冊P.24

書き

□ 1 異議《いぎ》＝異□

□ 2 遺品《いひん》＝□見

□ 3 内訳《うちわけ》＝明□

□ 4 応答＝□答

□ 5 活発＝□活

□ 6 刊行＝出□

□ 7 帰郷《ききょう》＝帰□

□ 8 時節＝□節

□ 9 興味＝□心

□ 10 体験＝□験

□ 11 景色＝□景

□ 12 準備＝□意

□ 13 最良＝最□

□ 14 資金＝資□

□ 15 自然＝□然

□ 16 精読＝□読

□ 17 心配＝不□

□ 18 地位＝□分

□ 19 助力＝加□

□ 20 通知＝通□

□ 21 内容＝中□

□ 22 延期《えんき》＝□延

□ 23 不在＝□守

□ 24 野心＝野□

□ 25 有名＝□名

□ 26 予想＝予□

□ 27 体制＝組□

□ 28 体勢＝□勢

□ 29 都合＝□合

□ 30 好意＝□意

□ 31 祖国＝□国

□ 32 屋外＝□外

□ 33 保存《ほぞん》＝保□

□ 34 念願＝□願

□ 35 期日＝期□

□ 36 機密《きみつ》＝□密

□ 37 最後＝最□

□ 38 誠意《せいい》＝□心

□ 39 要求＝要□

□ 40 義務＝□務

□ 41 増大＝増□

□ 42 死者＝□人

□ 43 計画＝□想

□ 44 感動＝感□

□ 45 習慣＝□習

72 ▶さまざまな熟語

類義語 ③

〔　月　日〕

／45問

解答➡別冊P.24

書き

- □ 1 愛情 ＝
- □ 2 弁解 ＝
- □ 3 以下 ＝
- □ 4 意見 ＝
- □ 5 以後 ＝
- □ 6 一時 ＝
- □ 7 一同 ＝
- □ 8 一気 ＝
- □ 9 一覧《いちらん》 ＝
- □ 10 移転 ＝
- □ 11 平静 ＝
- □ 12 運命 ＝
- □ 13 運営 ＝
- □ 14 応接 ＝
- □ 15 往復 ＝

- □ 16 拡張《かくちょう》 ＝
- □ 17 学問 ＝
- □ 18 火災 ＝
- □ 19 加入 ＝
- □ 20 肉体 ＝
- □ 21 川上 ＝
- □ 22 関係 ＝
- □ 23 看護《かんご》 ＝
- □ 24 感服 ＝
- □ 25 簡潔《かんけつ》 ＝
- □ 26 機械 ＝
- □ 27 効能 ＝
- □ 28 儀式《ぎしき》 ＝
- □ 29 技能 ＝
- □ 30 基準 ＝

- □ 31 衣類 ＝
- □ 32 救済《きゅうさい》 ＝
- □ 33 賃金《ちんぎん》 ＝
- □ 34 静養 ＝
- □ 35 郷里《きょうり》 ＝
- □ 36 同然 ＝
- □ 37 改革《かいかく》 ＝
- □ 38 会議 ＝
- □ 39 会計 ＝
- □ 40 改善《かいぜん》 ＝
- □ 41 基礎《きそ》 ＝
- □ 42 偽造《ぎぞう》 ＝
- □ 43 機転 ＝
- □ 44 能力 ＝
- □ 45 規定 ＝

73 類義語 ④

▶さまざまな熟語

〔　月　日〕

／45問

解答➡別冊P.25

書き

□1 均一＝
□2 追想＝
□3 定時＝
□4 気品＝
□5 公表＝
□6 原料＝
□7 機能＝
□8 質疑《しつぎ》＝
□9 判決＝
□10 便利＝
□11 宣伝《せんでん》＝
□12 口調＝
□13 悪評＝
□14 文明＝
□15 重点＝

□16 感情＝
□17 付近＝
□18 海路＝
□19 用事＝
□20 発想＝
□21 青葉＝
□22 要所＝
□23 的中＝
□24 制限＝
□25 宿屋＝
□26 祖先＝
□27 考査＝
□28 領地＝
□29 適切＝
□30 調整＝

□31 失神＝
□32 都市＝
□33 未来＝
□34 見物＝
□35 乱雑《らんざつ》＝
□36 急流＝
□37 天気＝
□38 区分＝
□39 元来＝
□40 本意＝
□41 事態＝
□42 実態＝
□43 観客＝
□44 名産＝
□45 不運＝

74 ▶さまざまな熟語
対義語 ①

〔　月　日〕

／45問

解答➡別冊P.25

書き

1 原因 ↕ □果
2 複雑 ↕ 単□
3 到着《とうちゃく》 ↕ □発
4 生産 ↕ 消□
5 敗北 ↕ □利
6 自然 ↕ 人□
7 水平 ↕ □直
8 消極 ↕ □極
9 部分 ↕ □体
10 絶対 ↕ □対
11 減少 ↕ □加
12 利益 ↕ 損□
13 進化 ↕ □化
14 期待 ↕ □望
15 延長《えんちょう》 ↕ 短□

16 害虫 ↕ □虫
17 実戦 ↕ 演□
18 悲報 ↕ □報
19 形式 ↕ 実□
20 楽観 ↕ □観
21 天災 ↕ □災
22 平和 ↕ 戦□
23 入場 ↕ □場
24 賛成 ↕ □対
25 散在 ↕ 密□
26 非凡《ひぼん》 ↕ □凡
27 成功 ↕ 失□
28 公開 ↕ □密
29 利点 ↕ □点
30 点火 ↕ □火

31 集合 ↕ 解□
32 縮小《しゅくしょう》 ↕ □大
33 直接 ↕ □接
34 暖流《だんりゅう》 ↕ □流
35 安全 ↕ 危□
36 権利《けんり》 ↕ □務
37 需要《じゅよう》 ↕ 供□
38 許可 ↕ 禁□
39 重視《じゅうし》 ↕ □視
40 進歩 ↕ □歩
41 拾得《しゅうとく》 ↕ 遺□
42 理想 ↕ □実
43 洋式 ↕ □式
44 容易 ↕ 困□
45 出勤《しゅっきん》 ↕ □勤

75 ▶さまざまな熟語 対義語 ②

〔　月　日〕

／45問

解答➡別冊P.25

書き

- □ 1 破壊《はかい》 ↕ □設
- □ 2 発信 ↕ □信
- □ 3 予習 ↕ □習
- □ 4 自力 ↕ □力
- □ 5 赤字 ↕ □字
- □ 6 完備 ↕ □備
- □ 7 凶作《きょうさく》 ↕ □作
- □ 8 熟練《じゅくれん》 ↕ □熟
- □ 9 感情 ↕ □性
- □ 10 非番 ↕ □番
- □ 11 巨大《きょだい》 ↕ □小
- □ 12 質問 ↕ □答
- □ 13 悲哀《ひあい》 ↕ 歓□
- □ 14 独唱 ↕ □唱
- □ 15 主観 ↕ □観

- □ 16 決行 ↕ 順□
- □ 17 沖合 ↕ □岸
- □ 18 増進 ↕ □退
- □ 19 事前 ↕ 事□
- □ 20 悪評 ↕ □評
- □ 21 祖先 ↕ 子□
- □ 22 共有 ↕ □有
- □ 23 分解 ↕ 合□
- □ 24 肉体 ↕ 精□
- □ 25 無名 ↕ □名
- □ 26 公転 ↕ □転
- □ 27 反抗《はんこう》 ↕ 服□
- □ 28 分家 ↕ □家
- □ 29 文明 ↕ □開
- □ 30 支出 ↕ □入

- □ 31 発生 ↕ 消□
- □ 32 支流 ↕ □流
- □ 33 成虫 ↕ □虫
- □ 34 満潮《まんちょう》 ↕ □潮
- □ 35 保守 ↕ □新
- □ 36 公用 ↕ □用
- □ 37 暗黒 ↕ 光□
- □ 38 肯定《こうてい》 ↕ □定
- □ 39 偶然《ぐうぜん》 ↕ □然
- □ 40 欠乏《けつぼう》 ↕ 豊□
- □ 41 就任《しゅうにん》 ↕ □任
- □ 42 便利 ↕ □便
- □ 43 被告《ひこく》 ↕ □告
- □ 44 横断 ↕ □断
- □ 45 可決 ↕ □決

76

▶さまざまな熟語

対義語 ③

〔　月　日〕

／45問

解答➡別冊P.26

書き

- □ 1 悪意 ↕
- □ 2 安心 ↕
- □ 3 正常 ↕
- □ 4 往路 ↕
- □ 5 温暖《おんだん》 ↕
- □ 6 開会 ↕
- □ 7 過去 ↕
- □ 8 起点 ↕
- □ 9 幸福 ↕
- □ 10 出席 ↕
- □ 11 受動 ↕
- □ 12 長所 ↕
- □ 13 直線 ↕
- □ 14 派手《はで》 ↕
- □ 15 有限 ↕

- □ 16 理由 ↕
- □ 17 幸運 ↕
- □ 18 運動 ↕
- □ 19 無知 ↕
- □ 20 有害 ↕
- □ 21 下校 ↕
- □ 22 前進 ↕
- □ 23 好調 ↕
- □ 24 逆風 ↕
- □ 25 吸収《きゅうしゅう》 ↕
- □ 26 過失 ↕
- □ 27 用心 ↕
- □ 28 移動 ↕
- □ 29 強制 ↕
- □ 30 支配 ↕

- □ 31 高価 ↕
- □ 32 一部 ↕
- □ 33 承諾《しょうだく》 ↕
- □ 34 寛大《かんだい》 ↕
- □ 35 過疎《かそ》 ↕
- □ 36 劣勢《れっせい》 ↕
- □ 37 陰気《いんき》 ↕
- □ 38 終了《しゅうりょう》 ↕
- □ 39 束縛《そくばく》 ↕
- □ 40 被害《ひがい》 ↕
- □ 41 抽象《ちゅうしょう》 ↕
- □ 42 粗雑《そざつ》 ↕
- □ 43 浪費《ろうひ》 ↕
- □ 44 脱退《だったい》 ↕
- □ 45 是認《ぜにん》 ↕

77

▶さまざまな熟語

対義語 ④

〔　月　日〕

／45問

解答➡別冊P.26

書き

□ 1 対立 ↕ 〔　〕
□ 2 共同 ↕ 〔　〕
□ 3 希望 ↕ 〔　〕
□ 4 基本 ↕ 〔　〕
□ 5 実物 ↕ 〔　〕
□ 6 失点 ↕ 〔　〕
□ 7 開幕《かいまく》 ↕ 〔　〕
□ 8 悲劇《ひげき》 ↕ 〔　〕
□ 9 正答 ↕ 〔　〕
□ 10 着手 ↕ 〔　〕
□ 11 苦戦 ↕ 〔　〕
□ 12 進路 ↕ 〔　〕
□ 13 起立 ↕ 〔　〕
□ 14 整然 ↕ 〔　〕
□ 15 正面 ↕ 〔　〕

□ 16 発車 ↕ 〔　〕
□ 17 病気 ↕ 〔　〕
□ 18 満足 ↕ 〔　〕
□ 19 集中 ↕ 〔　〕
□ 20 半減 ↕ 〔　〕
□ 21 質疑《しつぎ》 ↕ 〔　〕
□ 22 両側 ↕ 〔　〕
□ 23 予算 ↕ 〔　〕
□ 24 正当 ↕ 〔　〕
□ 25 大漁 ↕ 〔　〕
□ 26 老人 ↕ 〔　〕
□ 27 入学 ↕ 〔　〕
□ 28 生存《せいぞん》 ↕ 〔　〕
□ 29 輸入 ↕ 〔　〕
□ 30 決勝 ↕ 〔　〕

□ 31 留守 ↕ 〔　〕
□ 32 初期 ↕ 〔　〕
□ 33 熱湯 ↕ 〔　〕
□ 34 同性 ↕ 〔　〕
□ 35 依存《いそん》 ↕ 〔　〕
□ 36 分析《ぶんせき》 ↕ 〔　〕
□ 37 起床《きしょう》 ↕ 〔　〕
□ 38 慎重《しんちょう》 ↕ 〔　〕
□ 39 模倣《もほう》 ↕ 〔　〕
□ 40 特殊《とくしゅ》 ↕ 〔　〕
□ 41 干渉《かんしょう》 ↕ 〔　〕
□ 42 虚偽《きょぎ》 ↕ 〔　〕
□ 43 怠惰《たいだ》 ↕ 〔　〕
□ 44 廃業《はいぎょう》 ↕ 〔　〕
□ 45 軽蔑《けいべつ》 ↕ 〔　〕

ひっぱると，はずして使えます。

中学入試

国語 漢字 読み 書き

実力突破

解答編

受験研究社

1 漢字の読み書き ①

本冊4ページ

1 ぞうきばやし
2 けいだい
3 ちぢ
4 しりぞ
5 ときおり
6 なっとく
7 こうぶつ
8 つい
9 けわ
10 ひとすじ
11 けはい
12 くちょう
13 ねふだ
14 いとな
15 こうしゃ
16 心労
17 源流
18 専門
19 習慣
20 容易
21 簡単
22 工面
23 観察
24 捨
25 拝見
26 間近
27 誤
28 興味
29 備
30 粉末

ここに注意 11を「きはい」、12を「こうちょう」などと読まないこと。18「センモン」の「モン」は口なしの「門」であることに注意。25「拝《はい》」の右側の横線は四本。

2 漢字の読み書き ②

本冊5ページ

1 ひき
2 つごう
3 こころよ
4 きちょう
5 はぶ
6 いと
7 そ
8 もう
9 ごうじょう
10 かんぜい
11 うやま
12 ねんぴ
13 だいじん
14 うむ
15 こがい
16 往復
17 準備
18 想像
19 効果
20 招待
21 成績
22 拾
23 検討
24 根本
25 済
26 垂
27 鼻
28 特化
29 賞味
30 届

ここに注意 6「意図」は物事の「ねらい」。22「捨」（スてる）と似ているのでまちがえないようにしよう。「手（扌はてへんだから）を合わせて拾う」と覚えよう。

3 漢字の読み書き ③

本冊6ページ

1 かえり
2 まか
3 ふる
4 すこ
5 しゅじゅつ
6 そそ
7 そな
8 きょうこ
9 るす
10 ていさい
11 おとず
12 きそ
13 ちくば
14 いちじる
15 おぎな
16 快楽
17 険
18 貴重
19 務
20 印象
21 教養
22 不思議
23 内訳
24 腹
25 実際
26 減
27 関心
28 複雑
29 発揮
30 費

ここに注意 13「竹馬《ちくば》の友」は「幼《おさな》いときからの友だち」。「たけうま」と読まないように注意。19「努める」「勤《つと》める」との使い分けに注意。役《やく》割《わり》や任務を引き受ける場合は「務める」と書く。

4 漢字の読み書き ④

本冊7ページ

1 ひたい
2 とな
3 かいが
4 な
5 りょうし
6 つど
7 うつ
8 だいず
9 あんぴ
10 きざ
11 うけたまわ
12 お
13 そ
14 あやま
15 やさ
16 解説
17 探
18 意外
19 胸
20 包
21 預
22 成果
23 故障
24 秘密
25 危険
26 経験
27 発展
28 汽笛
29 能率
30 回復

ここに注意 9「否」を「ピ」と読むものに「賛否」「真否」などがある。26「経」を「径」と書きまちがえないようにする。29「熊」「態」など形の似た漢字に注意する。

5 漢字の読み書き ⑤

本冊8ページ

1 いんそつ
2 みと
3 ことわ
4 きょうみ
5 と
6 かいぜん
7 くとうてん
8 すぐ
9 た
10 さか
11 くふう
12 さ
13 びんじょう
14 あやま
15 あた
16 絶対
17 故郷
18 防止
19 規模
20 貸
21 農産物
22 窓
23 状態
24 週刊誌
25 暑
26 節度
27 健康
28 注文
29 移
30 厳

ここに注意 1「引率」の「率」は「ひきいる」の意。「率先《そっせん》」「統率」などの「率」も同意である。7「くどくてん」と読まないようにする。16「絶体」と書きまちがえないように注意する。

6 漢字の読み書き ⑥

本冊9ページ

1 あやつ
2 さ
3 す
4 だいか
5 ささ
6 むぞうさ
7 すなお
8 かま
9 はず
10 はつが
11 き
12 そな
13 へいこう
14 はか
15 そんざい
16 映
17 似
18 片側
19 困難
20 清潔
21 延
22 規則
23 期待
24 口調
25 意識
26 単純
27 対照
28 注
29 尊敬
30 成功

ここに注意 7「素」を「ス」と読むものに、「素足」「素手」「素性《すじょう》」「素顔」などがある。8この場合の「構える」は「建てる」の意味。12「供《そな》える」は「供物《くもつ》」の「供」と覚える。

7 漢字の読み書き ⑦

本冊10ページ

1 こま
2 たず
3 ぎょうそう
4 こころ
5 あらわ
6 す
7 なご
8 のぞ
9 ほうふ
10 ふまん
11 こうふん
12 けしき
13 むごん
14 そんちょう
15 ゆらい
16 郵便局
17 覚
18 修
19 逆
20 任
21 結束
22 厚
23 吸
24 売買
25 確信
26 縮
27 資源
28 支持
29 姿
30 訓練

ここに注意 3顔つきを表すときは「けいそう」ではなく「ぎょうそう」と読む。5「著《あらわ》す」は、書物を書いて世に出すこと。24「売り買い」と覚えておく。

8 漢字の読み書き ⑧

本冊11ページ

1 ごうきゅう
2 あば
3 と
4 こうぞく
5 きけん
6 はっき
7 さいてき
8 ほんもう
9 こころざ
10 きぼ
11 ようい
12 たなばた
13 めがね
14 むく
15 う
16 機械
17 供給
18 認
19 判断
20 額
21 意図
22 穀物
23 地域
24 承知
25 編
26 現象
27 盛
28 傷
29 対策
30 宇宙

ここに注意 8「望」を「モウ」と読むものに「所望《しょもう》」「大望《たいもう》」など。10「きも」と読みまちがえないように。12・13は特別な読み。16「器械」との使い分けに注意。「機械工業」「器械体操《たいそう》」。

9 漢字の読み書き ⑨

本冊12ページ

1 しゅうかん
2 きんもつ
3 おおどお
4 じょうぎ
5 したが
6 おごそ
7 ひこう
8 きず
9 たんじょう
10 まちかど
11 がいぶん
12 ね
13 さず
14 あず
15 ゆうえき
16 興奮
17 支障
18 精密
19 訪問
20 借
21 反復
22 歴史
23 要因
24 保護
25 警備
26 消毒
27 吸収
28 縦横
29 衛星
30 好意

ここに注意 3「おうどう」とまちがえないこと。19「ホウモン」の「モン」は口ありの「問」であることに注意。20は「貸」、29は「衛生」と、それぞれ書きまちがえないように。

10 漢字の読み書き ⑩

本冊13ページ

1 けびょう
2 やさ
3 きせい
4 ざいく
5 てんねん
6 ほっさ
7 あ
8 きょうい
9 かせん
10 みき
11 もんこ
12 ねっとう
13 じょうず
14 は
15 げんしょう

16 誤解
17 欠
18 殺風景
19 姿勢
20 制服
21 将来
22 巻
23 予期
24 消費
25 採
26 貿易
27 感謝
28 雑誌
29 相談
30 努力

ここに注意 1「ケ」の読みに注意。4単独では「さいく」。9「川」を「セン」と読むものに「山川《さんせん》」がある。25「トる」は同訓異字《いじ》が多いので、正確に使い分ける。

---

11 漢字の読み書き ⑪

本冊14ページ

1 げんみつ
2 は
3 お
4 けだか
5 わけ
6 たがや
7 あ
8 いきお
9 しゃそう
10 ふ
11 ようじょう
12 ほんね
13 むずか
14 したく
15 やけい

16 反省
17 義務
18 記録
19 得意
20 油断
21 賛成
22 積
23 提供
24 忘
25 挙
26 解
27 犯罪
28 慣
29 有効
30 実

ここに注意 4「きだか」と読まないように注意する。9「窓」を「ソウ」と読むものに「同窓」「学窓」などがある。14「タク」の読みに注意。22「績」と書きまちがえないようにしよう。

---

12 漢字の読み書き ⑫

本冊15ページ

1 こうちょう
2 しょくぎょう
3 えいきゅう
4 いんが
5 しょうじん
6 おんし
7 じょうりく
8 しょうこう
9 こだち
10 けんりょく
11 ぼうえき
12 こなぐすり
13 ぞうぜい
14 しだい
15 さっそく

16 野外
17 熱中
18 利益
19 参加
20 列挙
21 周囲
22 祭典
23 操作
24 横行
25 平静
26 有望
27 翌年
28 採算
29 土俵
30 至急

ここに注意 5「精進《しょうじん》料理」とは、肉のない、菜食の料理のこと。努力することを「精進する」という。14「じだい」と読まないように注意する。17「熱中」などと書かないようにしよう。

13 漢字の読み書き⑬

本冊16ページ

1 こうさん
2 かいとう
3 ほりゅう
4 きょくげい
5 れいせい
6 つ
7 ほんしつ
8 しょち
9 こうこく
10 かたみち
11 きょうち
12 ゆくえ
13 たば
14 いた
15 たいぐん
16 再生
17 口実
18 巻頭
19 前提
20 根底
21 頂上
22 毒
23 温存
24 伝来
25 出張
26 圧力
27 著者
28 耕作
29 子孫
30 家宝

ここに注意 6「就」を使った熟語に「就職《しゅうしょく》」「就業」「就学」など。15書くときは「郡」という同音異字との使い分けに注意する。17「口実」とは、言いのがれのための材料のこと。

14 漢字の読み書き⑭

本冊17ページ

1 ふうき
2 さっち
3 はっさん
4 かんびょう
5 さくりゃく
6 きかい
7 へいきん
8 かいだん
9 たいか
10 きょくち
11 かほう
12 ふちょう
13 じが
14 じゅうだん
15 せいぜん
16 順位
17 現場
18 合格
19 従業員
20 挙手
21 包帯
22 河口
23 認識
24 同窓
25 歴代
26 展望
27 感激
28 出世
29 照明
30 宿敵

ここに注意 10「局地」とは、限られた区域《くいき》のこと。23「職」「織」など、形の似た漢字が多いので、しっかり区別しよう。30「宿敵」は「ずっと前からの敵《てき》」という意味。

15 漢字の読み書き⑮

本冊18ページ

1 とうじ
2 おうふく
3 ふんべつ
4 ぶれい
5 かっせん
6 ぞうしょ
7 てっこう
8 ひより
9 がんぼう
10 だいとうりょう
11 そくさい
12 こうみょう
13 あ
14 すいとう
15 きゅうきょく
16 郵送
17 圧勝
18 休刊
19 陸上
20 失格
21 資料
22 協力
23 容姿
24 見聞
25 建設
26 幸
27 愛用
28 毛頭
29 絹
30 保管

ここに注意 3「ぶんべつ」と読むのは、「ゴミの分別」などの場合。11「息災」とは、元気なこと。14「しゅつのう」と読まないように注意。26送り仮名《がな》を「幸わい」としないこと。

16 漢字の読み書き⑯

本冊19ページ

1 ゆいごん
2 さしず
3 かこう
4 つと
5 がっそう
6 むら
7 はなぢ
8 あんい
9 さみだれ
10 ごういん
11 こと
12 きわ
13 ぶあつ
14 ま
15 とど
16 格言
17 気位
18 教訓
19 不意
20 多難
21 構造
22 功績
23 飼育
24 財産
25 幹
26 沿線
27 豊富
28 障害
29 散歩
30 報告

ここに注意 4努力することを意味する場合は、「努める」と書く。7読みをかなで書くとき、「はなじ」としないように。21「講造」などと書かないように注意しよう。

17 漢字の読み書き⑰

本冊20ページ

1 もんく
2 そむ
3 ひ
4 と
5 いた
6 ほうい
7 さぐ
8 きび
9 うちょうてん
10 ずじょう
11 こくもつ
12 ひんぷ
13 がく
14 に
15 そっちょく
16 序列
17 講堂
18 空
19 紀行
20 建築
21 迷
22 快適
23 経
24 残念
25 視野
26 景色
27 事態
28 公衆
29 気配
30 沿

ここに注意 9「有頂天」は「得意の絶頂《ぜっちょう》」の意味。18「開ける」との使い分けに注意。「窓を開ける」「席を空ける」。23この場合の「経る」は、「その場所を通る」という意味。

18 漢字の読み書き⑱

本冊21ページ

1 かんせい
2 ひっし
3 ほが
4 しゅうとくぶつ
5 いっさい
6 ここち
7 ひめい
8 つづ
9 たも
10 しょうち
11 さらいねん
12 は
13 つみ
14 いえじ
15 べんごし
16 深刻
17 経済
18 救急
19 宿命
20 無視
21 競争
22 模様
23 奮
24 宣伝
25 呼吸
26 自覚
27 構成
28 間接
29 試
30 評判

ここに注意 3熟語《じゅくご》に「明朗《めいろう》」「晴朗」など。6「ここち」は特別な読み。11「さいらいねん」などと読まないように注意。18「救急」を「急救」と書きまちがえないこと。

19 漢字の読み書き ⑲

本冊22ページ

1 てきし
2 みやげ
3 すじょう
4 うつわ
5 すんぶん
6 こんじゃく
7 いただき
8 りゅうい
9 きゅうさい
10 せいこう
11 よくじつ
12 ぼうりょく
13 ぼうねんかい
14 こ
15 かくいつてき

16 疑問
17 業績
18 拡張
19 印刷
20 順序
21 研究
22 否定
23 閉
24 冷蔵
25 痛切
26 蒸発
27 降
28 録音
29 自重
30 平等

⚠ここに注意 2「みやげ」は特別な読み。6訓読みで「いまむかし」ではなく、音読みで「コンジャク」と読む。17「績」を「積」と書きまちがえやすいので注意。25類義語は「切実」。

20 漢字の読み書き ⑳

本冊23ページ

1 ざっし
2 もよう
3 さいかい
4 しんろ
5 きょうり
6 りょかくき（りょかっき）
7 さか
8 えんかく
9 せけん
10 あつ
11 ぶんかつ
12 しんがた
13 そんがい
14 こうろう
15 しじ

16 配達
17 補給
18 砂糖
19 批評
20 予兆
21 輸入
22 交
23 精神
24 背負
25 恩義
26 練
27 責任
28 寄
29 善処
30 温暖

⚠ここに注意 4「針」を「シン」と読むものに「指針《ししん》」「方針《ほうしん》」などがある。14「功労」は、「立派《りっぱ》な仕事をした努力」の意味。21「輪入」と書きまちがえないように。

21 漢字の読み書き ㉑

本冊24ページ

1 おんだん
2 ほ
3 うたが
4 とおあさ
5 しいか
6 じょがい
7 えんき
8 へ
9 はいぼく
10 なお
11 にんむ
12 ふたた
13 かんこう
14 へいぜい
15 もめん

16 演奏
17 張
18 補導
19 典型
20 改革
21 視線
22 態度
23 笑
24 建
25 感心
26 序章
27 折
28 野菜
29 放置
30 習性

⚠ここに注意 4音読みの「エンセン」ではなく、訓読みで「とおあさ」と読むので注意。5「しか」ではなく、「しいか」。27「織る」との使い分けに注意する。

22 漢字の読み書き ㉒

本冊25ページ

1 ざゆう
2 しょうじ
3 ただ
4 へいこう
5 なまいき
6 せなか
7 つら
8 さよう
9 ふし
10 きふ
11 おさ
12 たんもの
13 しがん
14 こんりんざい
15 かいこ
16 混乱
17 正念場
18 収入
19 照
20 芽
21 配属
22 帯
23 賛否
24 開放
25 活性
26 完成
27 会心
28 朗読
29 呼
30 創造

ここに注意 17「正念場」は「その人の真価が問われる大事な場面」。23「賛否《さんぴ》」は「賛成と不賛成」。24「解放」と書きまちがえないこと。「門」だから「開」。30「想像」とまちがえないこと。

23 漢字の読み書き ㉓

本冊26ページ

1 むるい
2 しゃおん
3 えいぎょう
4 はおり
5 こっし
6 こうず
7 こい
8 せいたい
9 ごくじょう
10 こくそう
11 よ
12 むしゃ
13 ちょうこう
14 しがく
15 いなか
16 統治
17 雑木林
18 失敗
19 述
20 根幹
21 往来
22 評価
23 拡大
24 観測
25 節穴
26 勤勉
27 芸術
28 簡潔
29 行使
30 加減

ここに注意 1「ぶるい」と読みまちがえないように。10「穀《こく》」は、米や麦などの穀物のこと。20「根幹」は「物事の最も重要な部分」。25「節《ふし》穴《あな》」は「物事を見る目がないこと」。

24 漢字の読み書き ㉔

本冊27ページ

1 はくしき
2 りこ
3 せじ
4 こうえき
5 ぶなん
6 きょしゅう
7 こめだわら
8 ふぜい
9 すで
10 かいちく
11 さいしゅ
12 かくさく
13 はいしゃく
14 のうは
15 まいきょ
16 模型
17 胃腸
18 検査
19 標本
20 内容
21 案外
22 景気
23 林立
24 適任
25 節操
26 息
27 総勢
28 裁判
29 街頭
30 栄

ここに注意 2「利己」は「自分の利益だけを考えるさま」。5「むなん」と読まないように注意する。23「林立」とは「たくさんのものが並《なら》んで立つ」。28「栽」と書きまちがえないように注意。

25 漢字の読み書き ㉕

本冊28ページ

1 かっこう
2 あっかん
3 はんべつ
4 ようそう
5 しゃてき
6 げきせん
7 ちあん
8 せ
9 たよ
10 げんしょう
11 あらわ
12 し
13 かろ
14 さいしん
15 はか

16 徒歩
17 天守閣
18 服従
19 価値
20 授業
21 仲間
22 技術
23 防災
24 体験
25 善行
26 見当
27 熟
28 功名
29 主張
30 属

ここに注意 12「強《し》いる」は「無理にさせる、強制する」の意。15「測る」「計る」との区別に注意。「量る」は重さなどを調べるときに用いる。26同音異義《いぎ》語の「検討《けんとう》」とまちがえないように。

26 漢字の読み書き ㉖

本冊29ページ

1 いしつぶつ
2 とうろん
3 せんでん
4 しや
5 はいご
6 まね
7 いっつい
8 つと
9 すいそく
10 かこ
11 はんのう
12 りっぱ
13 ねいろ
14 じゅうおう
15 と

16 居住
17 余地
18 開閉
19 署名
20 禁止
21 頭脳
22 耳寄
23 管理
24 意志
25 負担
26 危機
27 確実
28 熟成
29 自信
30 帰属

ここに注意 1「遺失物《いしつぶつ》」は「忘《わす》れ物」のこと。7「対《つい》」は「二つで一組になるもの」。14「縦横《じゅうおう》」は「あらゆる方向」のこと。24「意思」と書きまちがえないように注意。

27 漢字の読み書き ㉗

本冊30ページ

1 もっぱ
2 すわ
3 よわね
4 せいけつ
5 あ
6 きょか
7 がんらい
8 いじゅう
9 ていあん
10 わざわ
11 じゅんぱく
12 そせん
13 りゅういき
14 ひょうか
15 はか

16 明暗
17 圧縮
18 表情
19 防衛
20 群
21 初
22 宣言
23 権利
24 過信
25 織
26 素養
27 底
28 内閣
29 悲鳴
30 磁石

ここに注意 3「音」を「ね」と読むものに「音色《ねいろ》」「本音《ほんね》」がある。15長さや高さなどを調べるときには「測る」を用いる。21「始めて」としないように注意。

28 漢字の読み書き㉘

本冊31ページ

1 めいろ
2 すみ
3 つ
4 いっしょ
5 みじゅく
6 あたた
7 こうとう
8 おさ
9 た
10 しめ
11 おが
12 いんさつ
13 くめん
14 じゅひ
15 きいと
16 存亡
17 伝聞
18 放牧
19 班長
20 化
21 点検
22 益鳥
23 公演
24 大差
25 欠落
26 意地悪
27 織物
28 加担
29 操縦
30 素材

ここに注意 4「諸」と混同しないように注意。23「公演」は「音楽公演」「劇《げき》の公演」などで用い、「講演」は「作家の講演」「講演会」などで用いる。使い分けに注意しよう。

29 漢字の読み書き㉙

本冊32ページ

1 あずき
2 ちまなこ
3 どうどう
4 りょうしん
5 りんかい
6 せきしょ
7 くだ
8 みなもと
9 おきあい
10 ようさん
11 たんけん
12 しれん
13 し
14 とうかく
15 じょうせき
16 電磁波
17 初対面
18 領域
19 担当
20 測量
21 均等
22 連想
23 取捨
24 険悪
25 辞典
26 接戦
27 登頂
28 忠告
29 俳優
30 先入観

ここに注意 1「あずき」は特別な読み。2「血眼」は「一つのことに必死になるさま」。24「険」は「験」「剣」「検」など、形の似た同音異字《いじ》が多いので使い分けに注意しよう。

30 漢字の読み書き㉚

本冊33ページ

1 ふんき
2 せっぱん
3 ふうちょう
4 ちょしょ
5 げし
6 つゆ
7 た
8 よく
9 えたい
10 しんく
11 いこく
12 そうぞうりょく
13 ぜんちょう
14 ふくぶ
15 ぶっかく
16 果樹園
17 段階
18 沿岸
19 逆立
20 寸断
21 脳内
22 街路樹
23 授受
24 人権
25 付録
26 副会長
27 派生
28 治水
29 手塩
30 群衆

ここに注意 2「折半」とは「半分に分けること」。15「仏閣《ぶっかく》」は「寺の建物」。26「副」を「福」とまちがえないように。29「手塩にかける」とは「世話をして大切に育てる」こと。

31 漢字の読み書き ㉛

本冊34ページ

1 いさぎよ
2 おせん
3 えま
4 つ
5 ゆかた
6 すす
7 かんりょう
8 あいしょうか
9 ぜせい
10 かな
11 じょうじゅ
12 えとく
13 るいじ
14 そまつ
15 そこ
16 就業
17 異論
18 号令
19 新芽
20 明朝
21 歴訪
22 好機
23 割安
24 主治医
25 統合
26 簡易
27 実権
28 潮時
29 積年
30 複製

ここに注意 13「るいに」と読みまちがえないように注意する。「似《に》る」は訓読み。30「複」は「復」「腹」など、形の似た同音異字《いじ》が多いので、使い分けに注意しよう。

32 漢字の読み書き ㉜

本冊35ページ

1 なや
2 しゅしょう
3 にな
4 かくだい
5 おかん
6 えしゃく
7 ととの
8 かんき
9 しせい
10 ゆうぜい
11 こうし
12 こうれい
13 とうちゃく
14 こうがい
15 じゃり
16 画期
17 独唱
18 逆境
19 起源
20 競技
21 観衆
22 裏表
23 共鳴
24 増刷
25 電極
26 青果
27 好敵手
28 安静
29 暴走
30 流氷

ここに注意 1「なや」は音訓読み。7「整える」との使い分けに注意。「列を整える」「費用を調える」。10「ゆうぜつ」と読みまちがえないようにする。

33 漢字の読み書き ㉝

本冊36ページ

1 かか
2 さまた
3 こうたく
4 しょくたく
5 かんきょう
6 しんしゅく
7 こうかん
8 きみょう
9 しんがい
10 はんぱ
11 さが
12 ゆうしゅう
13 か
14 おちい
15 せいきゅう
16 割合
17 至高
18 過去
19 先祖
20 構
21 善悪
22 予想
23 許
24 干
25 支
26 退化
27 課題
28 従
29 法則
30 後世

ここに注意 1「提《さ》げる」とまちがいやすいので注意する。5「かんこう」としないこと。意味は「興味がわく、おもしろくなる」。6反対の意味の漢字を組み合わせた熟語《じゅくご》。

34 漢字の読み書き㉞

本冊37ページ

1 しょうこ
2 いぶき
3 はかい
4 かつ
5 なや
6 しゅうりょう
7 かわせ
8 しわす
9 あざ
10 しゅんかん
11 ねむ
12 ほったん
13 かんしょう
14 おんぷ
15 そしな
16 遺失物
17 歯
18 樹木
19 輸送
20 警察
21 採用
22 予測
23 開
24 調子
25 精
26 並
27 情熱
28 分布
29 異議
30 入場券

ここに注意 2「いぶき」、7「かわせ」、8「しわす」は特別な読み。13「鑑賞《かんしょう》」とは、芸術作品を見たり聞いたりして味わうこと。23「空ける」「明ける」とまちがえないこと。

35 漢字の読み書き㉟

本冊38ページ

1 おもかげ
2 きじょう
3 こうむ
4 じょうきょう
5 にんじゃ
6 かいたく
7 せいこう
8 はくりょく
9 なごり
10 さけ
11 げどく
12 こんわく
13 はんも
14 もくにん
15 おくそく
16 旗
17 気象
18 始
19 演劇
20 全然
21 登場
22 発達
23 細大
24 暗示
25 卵
26 出版
27 苦労
28 裁
29 要素
30 童話

ここに注意 11「かいどく」と読まないよう注意する。18「初める」としないよう注意。23「細大」とは、細かいことも大きいことも、という意味。24「暗示」は「それとなく知らせること」。

36 漢字の読み書き㊱

本冊39ページ

1 おんけい
2 きざ
3 ひがん
4 こんぶ
5 なだれ
6 いろど
7 きんちょう
8 ぜつめつ
9 あば
10 ね
11 おんこう
12 さわ
13 あやま
14 ちかけい
15 そうごん
16 筋道
17 野生
18 意義
19 所要
20 未知
21 冷
22 燃料
23 資格
24 発芽
25 縮小
26 由来
27 調査
28 感傷
29 破損
30 直径

ここに注意 11「温厚《おんこう》」は「おだやかで情に厚いこと」。17「野性」との使い分けに注意。「野生」は「動植物が山野に自然に生育すること」。25「縮《しゅく》少」、30「直経」は、それぞれ書きまちがえないこと。

37 漢字の読み書き ㊲

本冊40ページ

1 と
2 さわ
3 ほこ
4 たいざい
5 かせ
6 ふとん
7 けんにん
8 そ
9 じょうみゃく
10 とくちょう
11 こはん
12 ちょうきょり
13 むてんか
14 いそが
15 ただよ
16 返事
17 修理
18 便利
19 追放
20 純真
21 校正
22 感想
23 分担
24 看護師
25 陽気
26 調節
27 遺産
28 達成
29 希望
30 目標

ここに注意 9「せいみゃく」と読まないよう注意。10「特徴《とくちょう》」は、「他と比べ、特に目立つところ」。20「純心」などと書きまちがえないように注意する。21「公正」「構成」との使い分けに注意。

38 漢字の読み書き ㊳

本冊41ページ

1 きかく
2 から
3 さいばい
4 あいしょう
5 むなげ
6 ひょうり
7 そうご
8 まつび
9 つの
10 せ
11 ひってき
12 あくしゅ
13 ひとふさ
14 しめ
15 す
16 憲法
17 複数
18 写真
19 満足
20 策略
21 預金
22 優勝
23 寒暖
24 情報
25 周辺
26 貨物
27 速達
28 親切
29 就職
30 熟練

ここに注意 5「胸」を「むな」と読む熟語《じゅくご》に「胸板」「胸倉」「胸先」「胸さわぎ」など。6「表裏《ひょうり》一体」は「切り離《はな》せない深い関係」という意味。29「職」は、「識」「織」など形の似た字に注意する。

39 難しい漢字の書き ①

本冊42ページ

1 勧
2 門出
3 訪
4 納得
5 伝染
6 謝
7 対称
8 需要
9 臨
10 軽率
11 優
12 割
13 兼
14 歓喜
15 図
16 和
17 推
18 競
19 真剣
20 疲
21 相性
22 意気地
23 省
24 秘
25 収拾
26 健
27 無関心
28 独創
29 交
30 朗

ここに注意 1「勧」、14「歓」は字形が似ているので注意する。2「門出」は「新しい生活を始めること」。10「率」を「卒」としない。26・30は、読み書きともにできるようにしておくこと。

40 難しい漢字の書き ②

本冊43ページ

1 損
2 中腹
3 貯金
4 体裁
5 背景
6 潔
7 射
8 辞
9 形相
10 快
11 航海
12 幹線
13 境界
14 歓迎
15 著
16 記憶
17 創作
18 指導
19 余計
20 遺言
21 眼下
22 肥
23 神秘
24 交際
25 臨時
26 厳密
27 過程
28 絵画
29 確認
30 便乗

ここに注意 1「損なう」の少しくだけた言い方に「損ねる」がある。3「預金」としない。7「射」を使った熟語《じゅくご》に「射的《しゃてき》」「注射」などがある。8「辞める」は「辞職」「辞任」の「辞」。

41 難しい漢字の書き ③

本冊44ページ

1 会釈
2 候補
3 推定
4 誠実
5 類似
6 厚生
7 昨今
8 空模様
9 始末
10 有頂天
11 組織
12 座
13 普及
14 悲劇
15 説
16 弟子
17 痛感
18 明朗
19 貧富
20 弁護
21 著名
22 優勝
23 映
24 物議
25 警報
26 幼虫
27 独特
28 情景
29 浪費
30 是非

ここに注意 19「貧富」は反対の意味の漢字を組み合わせた熟語《じゅくご》。23「映《は》える」は「映画」「反映」の「映」。30この場合の「是非《ぜひ》」は「正しいことと正しくないこと」の意味。

42 難しい漢字の書き ④

本冊45ページ

1 有無
2 模造
3 損傷
4 順延
5 素直
6 貸借
7 非
8 標準語
9 異変
10 気性
11 会得
12 犯
13 面目
14 与
15 環境
16 紹介
17 晩秋
18 避難
19 和
20 誇
21 玄関
22 一緒
23 担
24 支度
25 次第
26 知恵
27 窓際
28 妙
29 緊張
30 基礎

ここに注意 7「非を認める」で、「あやまちを認めること」。11「会」を「エ」と読むものに「会釈《えしゃく》」などがある。13「面目をつぶされる」は慣用句で、「名誉《めいよ》を傷《きず》つけられること」。

43 難しい漢字の書き ⑤

本冊46ページ

1 研
2 影
3 強烈
4 修行
5 巨大
6 繁栄
7 侵入
8 基
9 一般
10 賢
11 隠
12 獲得
13 娯楽
14 翻訳
15 余裕
16 潜
17 抜群
18 隣
19 特徴
20 雇
21 迷惑
22 透明
23 熟
24 傾
25 鮮
26 振
27 途中
28 離
29 偶然
30 真似

ここに注意 6「繁栄《はんえい》」は「豊かに栄えること」。7「進入」「浸入」と書きまちがえないこと。17「群」を「郡」としないように注意する。23「熟《う》れる」は「果実などが十分熟《じゅく》すこと」。

44 送り仮名が紛らわしい漢字 ①

本冊47ページ

1 至る
2 暖かい
3 養う
4 率いる
5 覚める
6 導く
7 省く
8 営む
9 収める
10 易しい
11 努める
12 報いる
13 改める
14 拝む
15 貧しい
16 幼い
17 直ちに
18 勇ましい
19 責める
20 周り
21 放す
22 逆らう
23 降りる
24 比べる
25 暴れる
26 調べる
27 補う
28 全く
29 示す
30 設ける

ここに注意 2ふつうは形の変わるところから送り仮名《がな》がつくが、この場合は「暖い」とはならない。10「美しい」「著《いちじる》しい」など、「しい」のつく形容詞は「しい」が送り仮名になる。

45 送り仮名が紛らわしい漢字 ②

本冊48ページ

1 帰る
2 細かい
3 退く
4 告げる
5 危ない
6 半ば
7 自ら
8 測る
9 絶える
10 仕える
11 果たす
12 志す
13 断る
14 確かめる
15 現れる
16 敬う
17 耕す
18 尊ぶ
19 再び
20 起こる
21 激しい
22 難しい
23 疑う
24 保つ
25 勤める
26 過ごす
27 招く
28 速やか
29 治める
30 唱える

ここに注意 2読み方が変わってしまうので、「細い」と書かないように注意する。3は「退ぞく」、14は「確める」と、それぞれ送り仮名をまちがえやすいので注意しよう。

46 送り仮名が紛らわしい漢字 ③

本冊49ページ

1 浴びる
2 供える
3 訪ねる
4 失う
5 頂く
6 選ぶ
7 満ちる
8 最も
9 加える
10 整う
11 留まる
12 燃える
13 焼ける
14 求める
15 暮らす
16 務める
17 増える
18 勢い
19 働く
20 冷める
21 固める
22 直す
23 連れる
24 痛い
25 刻む
26 染める
27 結ぶ
28 伝わる
29 納める
30 敗れる

ここに注意 10「整う」は「本来あるべき、きちんとした状態になること」。同じ読みの「調《ととの》う」は、「必要なものがそろうこと」。18「勢お×い」とまちがえやすいので注意しよう。

47 書き誤りやすい漢字 ①

本冊50ページ

1 義理
2 議論
3 海水浴
4 沿岸
5 手帳
6 主張
7 氷山
8 永久
9 就職
10 知識
11 健康
12 建築
13 歩道
14 指導
15 覧・臨
16 忘・望
17 梨・利
18 埼・崎
19 臓・蔵
20 滋・磁
21 積・績
22 述・術

ここに注意 2「議論《ぎろん》」は声を出して行うので、ごんべんの「議」。3「浴」の訓読みは「浴《あ》びる」。9の「職」、10の「識」は、「織」とも形が似ているので注意し、書きまちがえのないようにする。18「崎」を使う都道府県名には、他に「宮崎県」がある。19「臓《ぞう》」は、体内におさまる器官の名前に用いることが多いので、部首はにくづきとなる。21「積」は、「つむ・つもる」「たくわえる」、「績」は「つむぐ」「手がら」という意味をもつ。

48 書き誤りやすい漢字 ②

本冊51ページ

1 入場券
2 巻頭
3 最善
4 喜劇
5 原因
6 困難
7 関係
8 期間
9 果実
10 課外
11 枝
12 競技
13 親孝行
14 参考
15 官・管
16 板・版
17 束・速
18 路・格
19 群・郡
20 暮・幕
21 燃・焼
22 敵・適

ここに注意 1「券《けん》」の下は「刀」、2「巻《かん》」の下は「己」である。5の「因」、6の「困《こん》」は、「固」とも形が似ているので注意する。7・8他にもんがまえが部首の漢字には、「開」「閉《へい》」「閣《かく》」などがある。注意として、「聞」の部首は「みみ」、「問」の部首は「くち」である。部首は漢字の意味と深く関係するので、その漢字がどんなことに関連するものなのかを考えると、部首が何であるかのヒントとなる。20「暮《ぼ》」「幕《まく》」は、「墓」とも形が似ているので注意。

49 書き誤りやすい漢字③

本冊52ページ

1 往復
2 中腹
3 複雑
4 結論
5 輸入
6 車輪
7 著者
8 署名
9 暑中
10 専門家
11 博物館

12 貸
13 銅貨
14 運賃
15 訳・尺
16 倉・創
17 延・誕
18 詞・飼
19 卒・率
20 拝・俳
21 態・熊
22 難・勤

⚠ここに注意 1部首のぎょうにんべんは、主に「道を進む・歩く」という意味を表す。3部首のころもへんは、主に「着物」の意味を表す。「複」は、着物を重ねて着ることから、「重なる・重ねる」の意味をもつ。しめすへん（ネ）と混同しないように注意する。11「博」は、九画目の点を忘《わす》れないこと。12・13・14部首にかいへんをもつ漢字は、主にお金や財産に関係するものが多い。昔は、貝がお金の代わりに使われていたことに由来する。

50 同訓異字①

本冊53ページ

1 会
2 合
3 赤
4 明
5 上
6 挙
7 温
8 暖
9 言
10 事
11 異
12 始
13 初
14 早
15 速

16 入
17 射
18 居
19 経
20 減
21 間
22 真
23 供
24 備
25 長
26 永
27 負
28 追
29 破
30 敗

⚠ここに注意 7「温かい」は主に物や気持ちについて、8「暖《あたた》かい」は主に気温について使う。23「お神酒《みき》を供《そな》える」「お供えもの」、24「台風に備える」「消火器を備える」などと使い分ける。

51 同訓異字②

本冊54ページ

1 治
2 収
3 修
4 納
5 方
6 片
7 形
8 型
9 降
10 下
11 日
12 火
13 上
14 神
15 紙

16 変
17 代
18 混
19 交
20 者
21 物
22 勤
23 努
24 務
25 折
26 織
27 返
28 帰
29 坂
30 逆

⚠ここに注意 1「領地を治《おさ》める」「痛《いた》みが治まる」、2「効果を収《おさ》める」「争いが収まる」、3「身を修《おさ》める」、4「国庫に納《おさ》める」「注文品を納める」などのように使い分ける。

52 同訓異字 ③

本冊55ページ

1 差
2 指
3 覚
4 冷
5 塩
6 潮
7 明
8 空
9 開
10 住
11 済
12 表
13 現
14 玉
15 球
16 絶
17 建
18 厚
19 暑
20 熱
21 乳
22 父
23 解
24 説
25 着
26 付
27 作
28 造
29 取
30 採

⚠ここに注意 12「表す」は「感謝を表す」など、「はっきり表に出してわかるようにする」とき、13「現す」は「正体を現す」など、「今までかくれていたものを見えるようにする」ときに使う。

53 同訓異字 ④

本冊56ページ

1 止
2 留
3 計
4 測
5 量
6 直
7 治
8 泣
9 鳴
10 友
11 共
12 供
13 音
14 値
15 根
16 鳴
17 慣
18 述
19 延
20 上
21 登
22 良
23 善
24 写
25 映
26 移
27 放
28 話
29 産
30 生

⚠ここに注意 24「写す」は「文字や絵などを見ながら、そのとおりにかきとる」、25「映《うつ》す」は「光やかげを、他のものの表面に表す」、26「移す」は「場所や位置を変える」という意味。

54 同音異義語 ①

本冊57ページ

1 以外
2 意外
3 意義
4 異議
5 以上
6 異常
7 収支
8 終始
9 衛星
10 衛生
11 修正
12 習性
13 事態
14 自体
15 辞退
16 街灯
17 街頭
18 確信
19 革新
20 対照
21 対象
22 人口
23 人工
24 習慣
25 週刊
26 週間
27 刊行
28 完工
29 慣行
30 観光

⚠ここに注意 7「収《しゅう》支《し》」は「収入と支出」、8「終始」は「始まりから終わりまで」。20「対照」は「あるものを他のものと比べること」、21「対象」は「働きかけの目標とするもの」。

55 同音異義語 ②

本冊58ページ

1 完勝
2 感傷
3 観賞
4 感心
5 関心
6 意向
7 以降
8 医師
9 意志
10 帰省
11 規制
12 非常
13 非情
14 簡潔
15 完結
16 機関
17 気管
18 期間
19 公開
20 公海
21 航海
22 公衆
23 講習
24 使命
25 指名
26 器械
27 機会
28 機械
29 欠航
30 決行

ここに注意 10「帰省」は「故郷《こきょう》に帰ること」。20「公海」は「どこの国のものでもなく、どの国でも自由に使える海」。26「器械」は「それ自身は動力を持たず、何かをするために作られた道具」。

56 同音異義語 ③

本冊59ページ

1 休息
2 急速
3 最新
4 細心
5 保障
6 保証
7 形勢
8 形成
9 減少
10 現象
11 検討
12 見当
13 仮定
14 家庭
15 過程
16 公演
17 講演
18 態勢
19 体制
20 創造
21 想像
22 移動
23 異動
24 競争
25 競走
26 解放
27 快方
28 開放
29 構想
30 高層

ここに注意 5「保障《ほしょう》」は「それが守られるように手段《しゅだん》を講じること」、6「保証」は「大丈夫《だいじょうぶ》だ、確かだと、うけ合うこと」。20「創造」は「新しいものを初めからつくり出すこと」。

57 同音異義語 ④

本冊60ページ

1 回転
2 開店
3 希少
4 気象
5 後世
6 公正
7 構成
8 採決
9 裁決
10 予知
11 余地
12 的確
13 適格
14 再会
15 再開
16 招待
17 正体
18 事故
19 自己
20 指示
21 支持
22 効果
23 高価
24 自身
25 自信
26 回答
27 解答
28 清算
29 生産
30 精算

ここに注意 9「裁決《さいけつ》」は「上の人が、物事のよしあしを決定すること」。13「適格」は「その資格があり、ふさわしいこと」。28「清算」は「貸し借りや関係に結末をつけること」。

58 熟語づくり ①

本冊61ページ

1 備
2 縮
3 限
4 密
5 過
6 ア
7 イ
8 ウ
9 ア
10 エ
11 エ

12 未
13 無
14 不
15 非
16 不
17 未
18 ウ・朗報
19 ア・局地
20 エ・混雑
21 オ・冷静
22 イ・処分

ここに注意 1他に「備考」「警備《けいび》」「整備」、2他に「縮図《しゅくず》」「縮尺《しゅくしゃく》」「圧縮」、3他に「限定」「限度」「時限」、4他に「密室《みっしつ》」「親密」「精密」、5他に「過激《かげき》」「過日」「経過」などがある。8「必ず着く」と、上の字が下の字を修飾《しゅうしょく》しているのでウが正答。10「職に就《つ》く」と、下の字から上の字に返って読むとわかるのでエが正答。18似た意味の言葉に「吉報《きっぽう》」「快報」などがある。19「極地」と書かないように注意。21似た意味の言葉に「沈着《ちんちゃく》」「平静」などがある。

59 熟語づくり ②

本冊62ページ

1 批・規
2 挙・段
3 磁・補
4 治・否
5 高＋性能
6 輸入＋品
7 市＋町＋村
8 加盟＋国
9 富

10 尊
11 樹
12 久
13 値
14 革
15 ウ・統一
16 エ・輸出
17 イ・担当
18 オ・収納

ここに注意 1「定」の「テイ」「ジョウ」、4「治」の「ジ」「チ」など、複数の音読みがある漢字に注意。5漢字三字の熟語《じゅくご》の多くは、一字の語と二字の語とで成り立っている。「高性能」は二字の語の前に一字を加えた熟語であり、他にも上の語が下の語を打ち消す「不安定」「未解決」「無意識」「非常識」などがある。6「輸入品」、8「加盟《かめい》国」は、二字の語の後ろに一字を加えた熟語。他にも「——のような」という意味をそえる「積極的」、「——のようになる」という意味をそえる「自動化」などがある。7「市町村」は、一字の集まりから成る熟語。15似た意味の言葉に「総合」「総括《そうかつ》」「統括」「集約」などがある。

60 熟語づくり ③

本冊63ページ

1 言
2 検
3 重
4 雑
5 野
6 新
7 多・たしゅたよう
8 適・てきざいてきしょ
9 自・じゆうじざい
10 誠・せいしんせいい

11 系
12 賃
13 絹
14 税
15 浴
16 殺
17 イ・寸法
18 エ・製作
19 オ・余地
20 ウ・総合

ここに注意 1「言」、3「重」、4「雑」など、複数の読みがある漢字に注意。8「適材適所」は「その人の性質や才能に応じて、ふさわしい仕事や役目を割《わ》り当《あ》てること」、10「誠心誠《せいしんせい》意《い》」は「真心をもって、まじめに行う様子」という意味。18「製作」は「品物をつくること」、同音異義《いぎ》語である「制作」は、「芸術作品などをつくること」という意味で、つくるもののちがいによって使い分ける。

61 熟語づくり ④

本冊64ページ

1 益
2 干
3 亡
4 否
5 婦
6 増
7 ウ
8 ア
9 エ
10 イ
11 イ
12 エ
13 得失
14 美人
15 不動
16 必勝
17 エ・準備
18 ウ・修復
19 ア・辞退
20 イ・密接

ここに注意　1「益《えき》」は「もうける、役に立つ」という意味をもつため、「損益《そんえき》」は「損をすることと得をすること。損失と利益」を意味する。2「干満《かんまん》」は「海の水が引いたり、満ちたりすること。干潮《かんちょう》と満潮」。4「可否《かひ》」は「よいか、悪いか。賛成か、反対か」という意味。7「激《はげ》しい流れ」、9「期を延《の》ばす」、12「劇《げき》を観《み》る」と考える。13「利害」は「利益と損害」、「得失」は「損得」の意味でほぼ同義。二つを重ねて意味を強調している。18似た意味の言葉に「修理」「改修」など、19には「固辞」などがある。

62 四字熟語 ①

本冊65ページ

1 せんぺんばんか
2 じごうじとく
3 ふんこつさいしん
4 はがんいっしょう
5 じゅうにんといろ
6 じゅんぷうまんぱん
7 いっさいがっさい
8 いちぶしじゅう
9 ぜんだいみもん
10 へいしんていとう
11 ちょうれいぼかい
12 ねんこうじょれつ
13 ばじとうふう
14 うおうさおう
15 いしんでんしん
16 一・千
17 弱・強
18 表・一
19 本・転
20 音・不
21 有・無
22 起・転
23 青・白
24 暗・模
25 百・百
26 二・三
27 日・月
28 針・棒
29 四・八
30 空・絶

ここに注意　1漢数字をふくむ四字熟語《じゅくご》は多くあるので、まとめて覚えておこう。千・万は、非常に多いことを表す言葉である。11「朝三暮四《ちょうさんぼし》」と混同しやすいので注意。

63 四字熟語 ②

本冊66ページ

1 いんがおうほう
2 ごりむちゅう
3 がでんいんすい
4 いちねんほっき
5 ふげんじっこう
6 しちてんばっとう
7 いくどうおん
8 いちごいちえ
9 せんきゃくばんらい
10 しめんそか
11 ここんとうざい
12 きしょくまんめん
13 いっちょういっせき
14 しりしよく
15 いっとうりょうだん
16 海・山
17 半・半
18 無・難
19 取・選
20 大・不
21 大・小
22 意・深
23 単・直
24 晴・雨
25 一・千
26 再・再
27 花・風
28 南・北
29 温・知
30 完・無

ここに注意　2書くときは「夢中」としない。4「はっき」、6「はっとう」と読まないように。7書くときは「異句」としない。12この場合の「色」は「表情」の意味。23「短刀」ではない。

64 四字熟語 ③

本冊67ページ

1 したさきさんずん
2 ふしょうぶしょう
3 めいろうかいかつ
4 いきとうごう
5 じっちゅうはっく
6 ぼうじゃくぶじん
7 こうめいせいだい
8 ふわらいどう
9 めいきょうしすい
10 ひんこうほうせい
11 しょうしせんばん
12 たりきほんがん
13 しんらばんしょう
14 ちょうさんぼし
15 ゆいいつむに
16 二・三
17 無・夢
18 一・二
19 問・無
20 三・四
21 優・不
22 自・自
23 一・専
24 一・一
25 電・石
26 危・一
27 油・大
28 理・整
29 酒・肉
30 一・両

⚠ここに注意　6「むじん」と読まないこと。8 書くときは「不和」としない。17「無中」「霧中」と書きまちがえないよう注意。18・30は、似た意味の四字熟語《じゅくご》である。26「一発」ではない。

65 四字熟語 ④

本冊68ページ

1 はんしはんしょう
2 いっこくせんきん
3 どくりつどっぽ
4 いっしんふらん
5 もんがいふしゅつ
6 しょぎょうむじょう
7 いっせいちだい
8 しこうさくご
9 じきしょうそう
10 いちごんいっく
11 ろうにゃくなんにょ
12 りんきおうへん
13 しちなんはっく
14 きどあいらく
15 ごんごどうだん
16 用・周
17 心・一
18 大・名
19 悪・苦
20 起・回
21 四・八
22 絶・絶
23 自・自
24 共・共
25 一・一
26 東・西
27 一・当
28 一・同
29 無・息
30 疑・暗

⚠ここに注意　6「平家物語」の書き出しにも見られる言葉。7「一世」を「いっせい」、15「言語」を「げんご」と読まないよう注意。17「新機」、22「絶対」と、それぞれ書きまちがえないこと。

66 慣用句・ことわざ ①

本冊69ページ

1 あおな
2 しらは
3 にと
4 かど
5 にがむし
6 せんり
7 くさ
8 しな
9 ひゃくぶん
10 やまい
11 仏
12 焼
13 良薬
14 一寸
15 果報
16 他山
17 紅
18 飼
19 危
20 勢

⚠ここに注意　2 神のいけにえとなる女性の家の屋根に、白羽の矢を立てたことに由来する。3 似た意味のことわざに「虻蜂《あぶはち》取らず」がある。4「もん」と読まないように注意。12 焼け石に多少の水をかけても何の意味もないことからできた言葉。似た意味のことわざに「二階から目薬」がある。15「果報」とは、運に恵《めぐ》まれることを意味する。似た意味のことわざに「待てば海路の日和《ひより》あり」、反対の意味のことわざに「まかぬ種は生えぬ」がある。20「飛ぶ鳥を落とす勢い」は、特に、勢いに乗って権力《けんりょく》などを得ていくさまを表す際に用いる。

67 慣用句・ことわざ ②

本冊70ページ

1 うでお
2 にく
3 ふうぜん
4 うおごころ
5 かみだの
6 じごく
7 に
8 あくせん
9 えび
10 ふようじょう

11 竹馬
12 善
13 巻
14 小判
15 類
16 借
17 降
18 石橋
19 功名
20 道連

ここに注意

1似た意味のことわざに「ぬかにくぎ」「豆腐《とうふ》にかすがい」がある。4「魚、心あれば、水、心あり」からできたことわざである。5「おぼれる者はわらをもつかむ」は似た意味のことわざ。9「えび」は「蝦」とも書く。12「全」や「前」と書かないように注意。14似た意味のことわざに「豚《ぶた》に真珠《しんじゅ》」がある。17雨が降《ふ》った後はぬかるんでいるが、その後はかえって地面が固くなることからできた言葉。18しん重になりすぎる人を皮肉って言うのに使うことも多いことわざ。19この場合の「けが」は、「あやまち、失敗」の意味である。

68 慣用句・ことわざ ③

本冊71ページ

1 かわず
2 かっぱ
3 はっちょう
4 ころ
5 まじ
6 たな
7 しんじゅ
8 えん
9 せんたく
10 おぼ

11 棒
12 帯
13 毒
14 忘
15 得（徳）
16 団子
17 方便
18 念仏
19 功
20 鼻

ここに注意

1「かえる」と読まないように注意しよう。2「弘法《こうぼう》にも筆の誤《あやま》り」「さるも木から落ちる」なども同じ意味のことわざである。3「八丁」とは、「八つの道具を使いこなせるほど達者である」という意味。8「縁《えん》の下」とは、縁側の床下《ゆかした》のこと。9「鬼の目にも涙《なみだ》」など、「鬼」のつくことわざは多いのであわせて覚えておこう。17「方便」とは、ある目的を果たすために都合よく用いる手段《しゅだん》のこと。18「馬耳東風《ばじとうふう》」という四字熟語《じゅくご》も同じ意味である。19「甲《こう》」と「功」の使い分けに注意しよう。

69 慣用句・ことわざ ④

本冊72ページ

1 さわ
2 にご
3 わた
4 ねみみ
5 ち
6 こうかい
7 ふくすい
8 ほとけ
9 もちや
10 れいせつ

11 漁夫（漁父）
12 積
13 背水
14 情
15 金棒
16 借
17 誤
18 破竹
19 能
20 生

ここに注意

2反対の意味のことわざに、「後は野となれ山となれ」「旅のはじはかき捨《す》て」がある。7「覆水《ふくすい》」とは、ひっくり返った容器からこぼれた水のこと。9「船は船頭に任せよ」も同じ意味のことわざ。14「情けをかけるのはその人のためにならない」という意味に誤解《ごかい》しやすいので、十分注意しよう。19「脳《のう》」と書かないように注意。「能力」のことを指す。20よい結果を表すときに用いることわざ。似た意味の「火のないところにけむりは立たぬ」は、悪いうわさや疑《うたが》いがあるときに用いるので注意。

70 類義語 ①

本冊73ページ

1 昨	16 退	31 居
2 論	17 自	32 正
3 苦	18 備	33 質
4 過	19 意	34 像
5 断(強)	20 失	35 失
6 意	21 方	36 意(存)
7 欠(弱)	22 順(快)	37 簡
8 由	23 情	38 久
9 界	24 理(置)	39 満(服)
10 平	25 記	40 意
11 今	26 持	41 長
12 財	27 自	42 景
13 筆(著)	28 工	43 無
14 去	29 進	44 的
15 働	30 定(量・理・論)	45 心

ここに注意 類義語は、必ずしも一つとは限らない。また、びみょうな意味のちがいにも注意しよう。45「苦慮《くりょ》」は、「事のなりゆきを心配して、思い悩《なや》むこと」。

71 類義語 ②

本冊74ページ

1 存(論)	16 熟	31 故(母)
2 形	17 安	32 戸(野)
3 細	18 身	33 管
4 返(回)	19 勢(担)	34 悲(宿)
5 快	20 告(達)	35 限
6 版	21 身	36 秘
7 省	22 順	37 終
8 季	23 留	38 真(誠)
9 関	24 望	39 望
10 経	25 著	40 責(任)
11 風	26 測	41 加
12 用	27 織	42 故(死)
13 善	28 姿	43 構
14 本(財)	29 具	44 激(心)
15 天	30 善	45 慣

ここに注意 31「故国」は「自分が生まれ育った国」、42「故人」は「亡《な》くなった人」。36「機《き》密《みつ》」は「国や団体などの大切な秘密《ひみつ》」。40「責務」「任務」は「責任をもってしなければならない務め」。

72 類義語 ③

本冊75ページ

1 情愛	16 拡大	31 衣服
2 弁明	17 学術	32 救助(救援)
3 以内(未満)	18 火事	33 給料(給与)
4 見解	19 参加(参画)	34 休養(保養)
5 以来(以降)	20 身体	35 故郷(郷土)
6 一刻	21 上流	36 同一(同様)
7 全員	22 関連	37 革新(変更)
8 一挙	23 看病(養護)	38 会談(協議)
9 一見	24 敬服(心服)	39 経理
10 移住(転居)	25 手短(簡約)	40 改良
11 冷静(沈着)	26 器械(機器)	41 基本
12 運勢(命運)	27 効果(効用)	42 模造
13 経営	28 式典	43 機知
14 応対(接待)	29 技術(技巧)	44 才能(力量)
15 往来	30 標準(目安)	45 規則(規約)

ここに注意 1「愛情=情愛」のように、上下の漢字を入れかえてもあまり意味の変わらないものもある。25「てみじか」と読む。43「機転」は「機敏《きびん》な心の働き」のこと。

73 類義語 ④

本冊76ページ

1 均等
2 回想
3 定刻（刻限）
4 品格（品位）
5 公開（発表）
6 材料（素材）
7 性能
8 質問
9 裁決
10 重宝（簡便）
11 広告
12 語気（語調）
13 不評
14 文化
15 主眼（眼目）
16 心情
17 近辺
18 航路（水路）
19 用件（所用）
20 着想
21 若葉
22 要点
23 命中
24 制約
25 旅館（民宿）
26 先祖
27 試験
28 領土
29 適当
30 調節
31 気絶
32 都会
33 将来（前途・今後）
34 見学
35 雑然
36 激流
37 天候
38 区別
39 本来
40 真意（本心）
41 局面
42 実情
43 観衆
44 特産（名物）
45 非運（悲運）

ここに注意 10「簡便《かんべん》」は「簡単で、便利なこと」。15「眼目」は「いちばん大事なところ」。27「考査」は「成績や人がらなどを調べること。また、その試験」という意味。

74 対義語 ①

本冊77ページ

1 結
2 純
3 出
4 費
5 勝
6 工（造）
7 垂（鉛）
8 積
9 全
10 相
11 増
12 失（害）
13 退
14 失（絶）
15 縮
16 益
17 習
18 朗
19 質
20 悲
21 人
22 争
23 退
24 反
25 集
26 平
27 敗
28 秘
29 欠
30 消
31 散
32 拡
33 間
34 寒
35 険
36 義
37 給
38 止
39 軽
40 退
41 失
42 現
43 和
44 難
45 欠（退）

ここに注意 1「原因↕結果」、2「複雑↕単純《たんじゅん》」のように全体として対義のものと、8「消極↕積極」などのように一字だけが対義のものがある。14「落胆《らくたん》」、19「内容」も対義語になる。

75 対義語 ②

本冊78ページ

1 建
2 受（着）
3 復
4 他
5 黒
6 不
7 豊
8 未
9 理
10 当
11 細（微）
12 回
13 喜
14 合
15 客
16 延
17 沿
18 減
19 後
20 好
21 孫
22 専
23 成
24 神
25 有（著）
26 自
27 従
28 本
29 未
30 収
31 失（滅）
32 本（主）
33 幼
34 干
35 革
36 私
37 明
38 否
39 必
40 富
41 退（離）
42 不
43 原
44 縦
45 否

ここに注意 13「悲哀《ひあい》」は意味が似ている漢字を重ねた熟語《じゅくご》で、対義語の「歓喜《かんき》」も同じ。39「偶然《ぐうぜん》」は接尾語《せつびご》「然」がつく熟語で、対義語の「必然」も同じ。

76 対義語 ③

本冊79ページ

1 善意（好意）
2 心配（不安）
3 異常
4 復路
5 寒冷
6 閉会
7 未来（将来）
8 終点
9 不幸
10 欠席
11 能動
12 短所
13 曲線
14 地味
15 無限
16 帰結
17 不運（非運）
18 静止
19 博識
20 無害
21 登校
22 後退
23 不調
24 順風
25 発散
26 故意
27 油断
28 停止
29 任意
30 従属
31 安価（廉価）
32 全部
33 拒否
34 厳格
35 過密
36 優勢
37 陽気
38 開始
39 解放
40 加害
41 具体（具象）
42 精密（精巧）
43 節約
44 加入（加盟）
45 否認

ここに注意 16「帰結」は「議論《ぎろん》や行動などが、最終的に落ち着くところ」。19「博識」は「広い知識をもつこと」。26「故意」は「わざとすること」。45「是認《ぜにん》」は「よいとして認《みと》めること」。

77 対義語 ④

本冊80ページ

1 協調
2 単独
3 失望（絶望）
4 応用
5 模型
6 得点
7 閉幕
8 喜劇
9 誤答
10 完成
11 善戦
12 退路
13 着席
14 雑然
15 背面
16 停車
17 健康（元気）
18 不満
19 分散
20 倍増
21 応答
22 片側
23 決算
24 不当（失当）
25 不漁
26 若者
27 卒業（退学）
28 死亡
29 輸出
30 予選
31 在宅
32 末期
33 冷水
34 異性
35 自立
36 総合
37 就寝（就床）
38 軽率
39 創造（独創）
40 一般（普通）
41 放任
42 真実
43 勤勉
44 開業（創業）
45 尊敬

ここに注意 39「模倣《もほう》」は「すでにあるものをまねること。似せること」。41「干渉《かんしょう》」は「他人のことに立ち入って、口を出すこと」。43「怠惰《たいだ》」は「なまけてだらしないこと」。

おさえておきたい四字熟語

□ **1** 自業自得《じごうじとく》
自分の行いの結果を自分が受けること。

□ **2** 粉骨砕身《ふんこつさいしん》
力の限り努力すること。一生懸命《いっしょうけんめい》働くこと。

□ **3** 十人十色《じゅうにんといろ》
考えや性質などが、人によってそれぞれちがうこと。

□ **4** 順風満帆《じゅんぷうまんぱん》
物事が順調に進行すること。

□ **5** 前代未聞《ぜんだいみもん》
今まで聞いたこともないようなめずらしいこと。

□ **6** 朝令暮改《ちょうれいぼかい》
規則などがすぐに変更《へんこう》されること。

□ **7** 馬耳東風《ばじとうふう》
他人の意見や批評《ひひょう》に耳を貸さないこと。

□ **8** 弱肉強食《じゃくにくきょうしょく》
弱い者が強い者のえじきとなること。

□ **9** 本末転倒《ほんまつてんとう》
根本的なこととそうでないこととを取りちがえること。

□ **10** 起承転結
文章の構成や物事の順序。

□ **11** 暗中模索《あんちゅうもさく》
手がかりがないまま、いろいろと試《ため》してみること。

□ **12** 以心伝心
考えていることが、だまっていてもおたがいにわかること。

□ **13** 因果応報
自分のした行いが、報《むく》いとなって自分にふりかかること。

□ **14** 我田引水《がでんいんすい》
自分に都合がよいように、物事を言ったりしたりすること。

□ **15** 一念発起《いちねんほっき》
心を入れかえて、あることをしようと決心すること。

□ **16** 針小棒大《しんしょうぼうだい》
ちょっとしたことをおおげさに言うこと。

□ **17** 空前絶後
今までにも例がなく、これからもありえないようなこと。

□ **18** 半信半疑
うそか本当かわからず、迷っている様子。

□ **19** 大同小異《だいどうしょうい》
細かい部分はちがうが、ほぼ同じであること。

□ **20** 異口同音
多くの人が口をそろえて同じように言うこと。

□ **21** 一期一会《いちごいちえ》
一生に一度の出会い。

□ **22** 四面楚歌《しめんそか》
周りを敵《てき》や反対者ばかりに囲まれ、味方がいないこと。

□ **23** 一朝一夕《いっちょういっせき》
わずかな時間。

□ **24** 晴耕雨読
自由でのどかな生活をすること。

□ **25** 花鳥風月
自然の美しい様子。

□ **26** 温故知新
昔のことを調べて、そこから新しい考えや知識を得ること。

□ **27** 公明正大
私心《ししん》を差しはさまず、正しく事を行うこと。

□ **28** 付和雷同《ふわらいどう》
自分にしっかりした考えがなく、他人に同調すること。

□ **29** 品行方正
行いがきちんとして正しい様子。

□ **30** 一石二鳥
一つのことをして二つの利益を得ること。

□ **31** 三寒四温
寒い日が三日ほど続いた後、四日ほど暖《あたた》かい日が続くこと。

□ **32** 自画自賛
自分で自分のことをほめること。

□ **33** 電光石火
非常に短い時間。また、動きが非常に速いこと。

□ **34** 危機一髪《ききいっぱつ》
髪《かみ》の毛《け》一本の差ほどで危険がせまっている様子。

□ **35** 油断大敵《ゆだんたいてき》
気をゆるめていると、失敗の原因となりやすい。

□ **36** 朝三暮四《ちょうさんぼし》
目先のちがいにとらわれ、結果が同じだと気づかないこと。

□ **37** 用意周到《よういしゅうとう》
準備が十分に整っていること。

□ **38** 起死回生
今にもだめになりそうな物事を立て直すこと。

□ **39** 諸行無常《しょぎょうむじょう》
この世のすべてのものは常に変化し、変わらないものはないこと。

□ **40** 時期尚早《じきしょうそう》
それを行うにはまだ早すぎること。

□ **41** 臨機応変《りんきおうへん》
その時々の場面や状況《じょうきょう》に応じて、適切な処置《しょち》をすること。

□ **42** 喜怒哀楽《きどあいらく》
人間のさまざまな感情。

□ **43** 言語道断
あまりにもひどくて、言葉も出ないほどであること。

□ **44** 東奔西走《とうほんせいそう》
あちこちいそがしくかけ回ること。

□ **45** 疑心暗鬼《ぎしんあんき》
疑《うたが》い出すと、何でもないものでも疑わしくなる。

おさえておきたい類義語・対義語

- □1 加入＝参加（参画）
- □2 改善《かいぜん》＝改良
- □3 規定＝規則（規約）
- □4 手段《しゅだん》＝方法
- □5 発達＝進歩（発展《はってん》）
- □6 案外＝意外（存外《ぞんがい》）
- □7 容易＝簡単《かんたん》
- □8 永遠＝永久
- □9 安全＝無事
- □10 異議《いぎ》＝異存《いぞん》（異論《いろん》）
- □11 遺品《いひん》＝形見
- □12 内訳《うちわけ》＝明細
- □13 応答＝返答（回答）
- □14 活発＝快活
- □15 帰郷《ききょう》＝帰省

- □16 時節＝季節
- □17 興味＝関心
- □18 景色＝風景
- □19 自然＝天然
- □20 心配＝不安
- □21 地位＝身分
- □22 不在＝留守
- □23 有名＝著名《ちょめい》
- □24 原因↔結果
- □25 複雑↔単純《たんじゅん》（簡単）
- □26 生産↔消費
- □27 敗北↔勝利
- □28 自然↔人工（人造）
- □29 消極↔積極
- □30 利益↔損失（損害）

- □31 延長《えんちょう》↔短縮《たんしゅく》
- □32 楽観↔悲観
- □33 平和↔戦争
- □34 成功↔失敗
- □35 集合↔解散
- □36 縮小↔拡大《かくだい》
- □37 安全↔危険《きけん》
- □38 権利《けんり》↔義務
- □39 需要《じゅよう》↔供給《きょうきゅう》
- □40 許可↔禁止
- □41 理想↔現実
- □42 容易↔困難《こんなん》（至難《しなん》）
- □43 満潮《まんちょう》↔干潮《かんちょう》
- □44 保守↔革新《かくしん》
- □45 抽象《ちゅうしょう》↔具体（具象）